FRANK-LOTHAR KROLL

Rousseau in Preußen und Russland

Rousseau in Preußen und Russland

Zur Geschichte seiner Wirkung im 18. Jahrhundert

Von

Frank-Lothar Kroll

Duncker & Humblot · Berlin

Bibliografische Information der Deutschen Nationalbibliothek

Die Deutsche Nationalbibliothek verzeichnet diese Publikation in
der Deutschen Nationalbibliografie; detaillierte bibliografische Daten
sind im Internet über http://dnb.d-nb.de abrufbar.

© 2012 Duncker & Humblot GmbH, Berlin
Fremddatenübernahme und Druck:
Berliner Buchdruckerei Union GmbH, Berlin
Printed in Germany

ISBN 978-3-428-14033-6 (Print)
ISBN 978-3-428-54033-4 (E-Book)
ISBN 978-3-428-84033-5 (Print & E-Book)

Gedruckt auf alterungsbeständigem (säurefreiem) Papier
entsprechend ISO 9706 ♾

Internet: http://www.duncker-humblot.de

Meinem lieben Freund und Kollegen
Alfons Söllner
zum 65. Geburtstag

Inhalt

I. Zwei Geschehensregionen

Aus der Fülle möglicher und maßgeblicher Aspekte, die sich für eine Beschäftigung mit Jean-Jacques Rousseau (1712–1778) im Jahr der dreihundertsten Wiederkehr seines Geburtstages anbieten, wird hier eine Thematik herausgegriffen, die einer zunächst eher randständig scheinenden Fragestellung gelten mag.[1] Der Blick auf die Rezeption des wohl maßgeblichsten intellektuellen Wegbereiters der Französischen Revolution[2] in jenen beiden Staaten, in denen diese Revolution, der Dämon von 1789, nicht die geringsten unmittelbaren politischen Auswirkungen hatte, der Blick auf Rousseau in Preußen und in Russland als den beiden großen konservativen Ostmächten innerhalb der europä-

---

[1] Der hier vorgelegte Text präsentiert die erheblich erweiterte und mit Nachweisen versehene Fassung des Eröffnungsvortrags, den der Verfasser anlässlich der Tagung „Faszinosum Jean-Jacques Rousseau" am 26. Januar 2012 in der Technischen Universität Chemnitz zur Verabschiedung seines dort von 1994 bis 2012 als Inhaber der Professur für Politische Theorie und Ideengeschichte amtierenden Freundes und Kollegen Alfons Söllner gehalten hat.

[2] Vgl. in diesem Sinne wegweisend und weiterführend *Bernhard Groethuysen*: Philosophie der Französischen Revolution. Mit einem Nachwort von Eberhard Schmitt. Neuwied / Berlin 1971, sowie *Daniel Mornet*: Les origines intellectuelles de la Révolution française 1715–1787. 3. Aufl. Paris 2009.

ischen Pentarchie kann und wird zumindest ebenso viel über die Verfasstheit dieser beiden Staaten im Revolutionszeitalter offenbaren wie über den Genfer Philosophen selbst.

Rousseaus Gedanken waren in Preußen und Russland durchaus präsent, seine Werke wurden in beiden Ländern bald nach ihrem Erscheinen gelesen und relativ zeitnah übersetzt. Mehr noch: In Preußen wie in Russland beschäftigten sich die damals dort amtierenden Staatsoberhäupter auf eine für französische Verhältnisse völlig undenkbare Weise mit Rousseaus Ideen. Sie studierten einzelne seiner Schriften, und sie nahmen Anteil an seinem Schicksal – bis hin zu dessen direkter persönlicher Beeinflussung im preußischen Fall. Die Beantwortung der Frage, wie sich darüber hinaus die in ihrem Ausmaß und in ihrer Intensität allerdings sehr unterschiedlichen Formen der Rousseau-Rezeption in beiden Ländern am Vorabend des Revolutionszeitalters entwickelten, steht im Mittelpunkt der folgenden Ausführungen.

II. Ein Asylant in Preußen

Rousseaus Rezeption in *Preußen* wurde in ihren Möglichkeiten wie auch in ihren Grenzen wesentlich durch die Tatsache bestimmt, dass kein Geringerer als Friedrich der Große (1712–1786) höchstpersönlich in dieses Rezeptionsgeschehen einbezogen war.[3] Es ist bekannt, dass sich Rousseau im

---

[3] Das Buch von *Jörn Sack*: Friedrich der Große und Jean-Jacques Rousseau – Eine verfehlte Beziehung und die Folgen.

Sommer 1762 schutzsuchend an den Hohenzollernkönig wandte und ihn brieflich um Gewährung
eines Asyls in Preußen bat – konkret: um Aufnahme
in das von 1707 bis 1848 zu Preußen gehörende
Fürstentum Neuenburg/Neuchâtel im Westen der
heutigen Schweiz.[4] Den Anlass zu diesem aufsehenerregenden und durchaus nicht alltäglichen Schritt
hatten die politischen Verhältnisse in Frankreich ge-
boten. Dort hatte das Pariser Parlament Rousseaus
kurz zuvor erschienenen Roman „Émile ou De
l'Éducation" verurteilt, verboten und Haftbefehl gegen den Autor erlassen; Ähnliches war wenig später
von Seiten der Genfer Stadtbehörden erfolgt.

Friedrich der Große kam der an ihn gerichteten
Bitte des von Freiheitsentzug und Einkerkerung be-
drohten Philosophen umgehend nach. Das entsprach seinem Selbstverständnis als *roi philosophe*
ebenso wie den Traditionen brandenburgisch-preu-
ßischer Toleranzpolitik, die den Hohenzollernstaat
schon seit dem 17. Jahrhundert als einen Zufluchts-
ort für religiös verfolgte Minderheiten aus zahlrei-

Zugleich ein Essay über den vernünftigen und den künftigen
Staat. Berlin 2011, bietet weniger eine wissenschaftliche Auseinandersetzung mit der angegebenen Thematik, als vielmehr
Überlegungen und Wunschvorstellungen des Autors zu einem „vernunftgerechten Zukunftsstaat", dessen Realisierung
im Falle einer persönlichen Begegnung zwischen Friedrich
und Rousseau, zumindest nach Ansicht des Verfassers, mög-
lich gewesen wäre.

[4] Für den Zusammenhang *Wolfgang Stribrny*: Die Könige
von Preußen als Fürsten von Neuenburg-Neuchâtel (1707–
1848). Geschichte einer Personalunion. Berlin 1998, bes.
S. 155 f.

chen Ländern Kontinentaleuropas ausgezeichnet hatten.[5] Man müsse diesem Armen und Unglücklichen helfen und ihm Erleichterung verschaffen, so schrieb Friedrich wenige Wochen nach Rousseaus Eintreffen in Neuenburg an den dortigen preußischen Gouverneur Earl Marischal George Keith (1693–1778). „Sein ganzes Vergehen besteht in wunderlichen Ansichten, die er aber für gut hält. ... Hätten wir nicht Krieg und wären wir nicht zugrunde gerichtet, ich ließe ihm eine Einsiedelei mit einem Garten anlegen; da könnte er leben, wie unsere Urväter nach seiner Meinung gelebt haben. Offen gesagt, sind meine Ansichten den seinen so entgegengesetzt wie das Endliche dem Unendlichen; er wird mich nie dazu bringen, Gras zu fressen und auf allen Vieren zu laufen. Allerdings ist der ganze asiatische Luxus, das Raffinement in Tafelfreuden, Wollust und Weichlichkeit zu unserm Leben nicht nötig. Wir könnten sehr wohl einfacher und mäßiger leben – aber warum auf die Reize des Daseins verzichten, wenn man sie genießen kann? Die wahre Philosophie besteht nach meiner Meinung darin, sich den rechten Genuß nicht zu versagen, aber den Mißbrauch zu verurteilen. Man muss alles entbehren können und doch auf nichts verzichten. ... Demgegenüber wirkt es sehr spaßhaft, wenn man uns erzählt, daß wir alle gleich seien und wie Wilde leben müssten, ohne Gesetze, ohne Gesell-

---

[5] Vgl. *Frank-Lothar Kroll*: Das Problem der Toleranz bei Friedrich dem Großen (2001). Wiederabgedruckt in: Ders.: Das geistige Preußen. Zur Ideengeschichte eines Staates. Paderborn / München / Wien / Zürich 2001, S. 11–30; zusammenfassend jetzt auch *ders.*: Die Hohenzollern. München 2008, S. 68 ff.

12

schaft und Verwaltung, daß die Künste den Sitten geschadet hätten und andere ebenso unhaltbare Paradoxe. Ich glaube, Ihr Rousseau hat seinen Beruf verfehlt. Er hatte entschieden das Zeug zu einem berühmten Anachoreten, einem Wüstenheiligen, der sich durch seine Sittenstrenge und seine Kasteiungen hervorgetan hätte, oder zu einem Säulenheiligen. ... Heutzutage aber wird man ihn nur als einen philosophischen Sonderling ansehen, der die Sekte des Diogenes nach zwei Jahrtausenden wieder zum Leben erweckt."[6]

Aus solchen Worten des preußischen Königs sprach eine zumindest oberflächliche Kenntnis Rousseauscher Zivilisationsskepsis, deren erstmalige Präsentation im „Discours [...] si le rétablissement des Sciences et des Arts a contribué à épurer les mœurs" von 1750 bei den aufklärungsbewussten und kulturstolzen Zeitgenossen so viel Aufmerksamkeit erregt und so heftige Kritik hervorgerufen hatte. Friedrich griff diese Kritik auf und schloss sich ihr an. Später sollte er sie noch erweitern und zur Grundlage einer intensiveren literarischen Auseinandersetzung mit der kulturkritischen Verfallsdiagnose des Genfer Philosophen erheben, worauf noch zurückzukommen sein wird. Dennoch ließ sich der König 1762 nicht davon abhalten, dem Gouverneur Keith 100 Taler zur Unterstützung Rousseaus anzuweisen, mit der Auflage, diesem da-

---

[6] Friedrich an den Lord Marschall von Schottland, 1. September 1762. In: Briefe Friedrichs des Großen in deutscher Übersetzung. 2 Bde. Hrsg. von Max Hein. Deutsch von Friedrich von Oppeln-Bronikowski und Eberhard König. Berlin 1914, Bd. 2, S. 104–106, hier S. 104 f.

für Naturalien und Nahrungsmittel zu liefern und sich darum zu kümmern, dass sein Lebensunterhalt sichergestellt werde.

Die Antwort des Philosophen auf die unbezweifelbaren Wohltaten des Monarchen war anmaßend und abweisend. Rousseau verwarf nicht nur die königliche Spende, sondern übte darüber hinaus auch ganz unverblümt Kritik an der Gesamtrichtung friderizianischer Politik und Staatsleitung: „Sie wollen mir Brot geben? Gibt es denn keinen unter Ihren Untertanen, der es nötiger hätte als ich? Tun sie mir lieber den Gefallen und stecken Sie Ihren Degen weg, denn dieser blendet und verletzt mich!" Der „Degen" war eine metaphorische Anspielung auf Friedrichs seit nunmehr fast sieben Jahren andauernde Kriegführung, über der er, Rousseau zufolge, seine eigentlichen Regentenpflichten vernachlässigt habe. Diese gelte es unverzüglich wiederaufzunehmen und in die kleine Münze friedlicher Beförderung des Untertanenglücks umzuprägen. „Könnte ich sehen", so Rousseau in diesem Sinne weiter, „wie Friedrich der Gerechte und Gefürchtete seine Staaten mit einem zahlreichen Volke besiedelt, dessen Vater er ist, so würde Jean-Jacques Rousseau, der Feind der Könige, hingehen und zu Füßen seines Thrones sterben."[7]

---

[7] Zitate nach *Stephan Schindele*: Friedrich der Große über Rousseau. Zum 200. Geburtsjahre beider. In: Philosophisches Jahrbuch 25 (1912), S. 477–486, hier S. 479 f.; Friedrich reagierte auf diese briefliche Ohrfeige seines Korrespondenzpartners erstaunlich gelassen. Er lobte Rousseaus Uneigennützigkeit und Tugendhaftigkeit ebenso wie dessen politische Realitätsferne und Naivität: „Der gute Mann kennt die Schwierigkeit

III. Der König und der Philosoph

Der preußische König und der aus Genf stammende französische Philosoph befanden sich im Jahr 1762, dem alle zitierten Briefpassagen entstammten, im Zenit ihres beiderseitigen Wirkens. Für Friedrich stand – nach sechsjährigem militärischen Ringen mit einer schier übermächtigen gegnerischen Koalition – infolge des plötzlichen Herrscherwechsels in Russland von Elisabeth I. (1709 – 1762), seiner unversöhnlichen Feindin, zu Peter III. (1728 – 1762), seinem erklärten Bewunderer, ein doch noch siegreiches Kriegsende in Aussicht. Für Rousseau begann – seit Vollendung seiner beiden wichtigsten politischen und pädagogischen Schriften, dem „Contrat sociale" und dem „Émile", im gleichen Jahr – die Phase seines Ruhmes und dessen rascher europaweiter Verbreitung.

Der König und der Philosoph waren damals einander bei weitem keine Unbekannten mehr. Friedrich hatte über seine zahlreichen französischen Korrespondenzpartner von der aufsehenerregenden Erscheinung des „philosophischen Wilden", wie er

---

nicht, dahin [d. h. zu einem tragfähigen Friedensschluss] zu gelangen; würde er die Politiker kennen, mit denen ich es zu tun habe, so würde er an ihnen Leute finden, die noch weniger leicht zu behandeln sind als die Philosophen, mit denen er sich überworfen hat" (Zitat ebd.), womit Denis Diderot (1713 – 1784) und die materialistischen Radikalaufklärer um Paul Thiry d'Holbach (1723 – 1789), Claude Adrian Helvétius (1715 – 1771) und Julien Offray de La Mettrie (1709 – 1751) gemeint waren; zur diesbezüglichen Kritik z. B. Friedrich an d'Alembert, 3. Dezember 1779. In: Briefe Friedrichs des Großen (wie Anm. 6), S. 238 ff.

15

Rousseau gelegentlich zu nennen pflegte, erfahren, wohl auch einiges Unzusammenhängende aus dessen Feder gelesen,[8] doch erst im Jahr des Hubertusburger Friedensschlusses 1763 damit begonnen, sein Werk eingehender zu studieren. Den „Émile" hielt er, bezogen auf seine sprachliche Eleganz, für ein Meisterwerk, fand dessen Inhalt jedoch fade und belanglos, ja schlechthin zum Fortwerfen.[9] Rousseau seinerseits kannte die literarische Produktion Friedrichs schon seit langem. Nicht zuletzt deren tiefe Verankerung in der französischen Geisteswelt[10] hatte bei dem für patriotisch-nationale Empfindungen so überaus empfänglichen Philosophen Interesse geweckt und Anteilnahme hervorgerufen.[11] Zu-

---

[8] Dazu noch immer lehrreich *Eduard Zeller*: Friedrich der Große als Philosoph. Berlin 1886, bes. S. 32 f.; ferner *Martin Fontius*: Der Ort des „Roi philosophe" in der Aufklärung. In: Ders. (Hrsg.): Friedrich II. und die europäische Aufklärung. Berlin 1999, S. 9 – 27; *Hans-Christof Kraus*: Friedrich der Große als Philosoph von Sanssouci. In: Bernd Heidenreich und Frank-Lothar Kroll (Hrsg.): Macht- oder Kulturstaat? Preußen ohne Legende. Berlin 2002, S. 111 – 124, sowie *Frank-Lothar Kroll*: Friedrich der Große als Gestalt der europäischen Geschichtskultur. In: Brunhilde Wehinger (Hrsg.): Geist und Macht. Friedrich der Große im Kontext der europäischen Kulturgeschichte. Berlin 2005, S. 185 – 198.

[9] Vgl. Friedrich an die Herzogin Luise Dorothea von Gotha, 10. Februar 1763. In: Briefe Friedrichs des Großen (wie Anm. 6), S. 113 f.

[10] Dazu die unübertroffene Darstellung von *Stephan Skalweit*: Frankreich und Friedrich der Große. Der Aufstieg Preußens in der öffentlichen Meinung des „ancien régime". Bonn 1952, S. 126 – 136.

[11] Zu Rousseaus Patriotismus weiterhin anregend *Otto Vossler*: Der Nationalgedanke von Rousseau bis Ranke. München / Berlin 1937, S. 21 – 53. Rousseaus Bedeutung für die

gleich jedoch war ihm die Problematik von Friedrichs „philosophischem Königtum" mit all seinen auseinanderstrebenden Charakterzügen und seinem paradox wirkenden Bemühen, humanitäre Sittlichkeitspostulate und machtstaatliches Handeln miteinander zu verklammern, seit Anfang an bewusst. Das unterschied ihn von den zahlreichen intellektuellen Bewunderern des Hohenzollernherrschers im Lager der französischen Aufklärung.

Näher zusammengefunden haben Friedrich und Rousseau in der Folgezeit nicht. Eine persönliche Begegnung unterblieb ebenso wie ein vermehrter brieflicher Austausch. 1766 brach die ohnehin stets nur über Mittelsmänner geführte Korrespondenz endgültig ab. Dem Philosophen war sein Aufenthalt auf preußischem Staatsgebiet schon zuvor durch Sticheleien der Neuenburger Geistlichkeit mehr und mehr verleidet worden. Friedrich, der solch pfäffische Unduldsamkeiten in einem eigenhändigen Schreiben aufs strengste verurteilte,[12] lud ihn daraufhin nach Berlin, doch Rousseau zog es vor, David Hume (1711–1776) in England zu besuchen[13] – in seinen „Confessions", die allerdings nur bis 1765 reichen, hat er eingehend über die Vorge-

Formierung nationalistischer Ressentiments resümiert noch immer vorzüglich *Jakov Leib Talmon*: Die Ursprünge der totalitären Demokratie. Köln/Opladen 1961, S. 34–45.

[12] Nachweis bei *Emil Du Bois-Reymond*: Friedrich II. und Jean-Jacques Rousseau. In: Sitzungsberichte der Akademie der Wissenschaften zu Berlin 1879, S. 33–86, hier S. 42.

[13] Zu den damit verbundenen Einzelheiten *Sabine Schulz* (Hrsg.): „Leben Sie wohl für immer". Die Affäre Hume – Rousseau in Briefen und Zeitdokumenten. Zürich 2012.

schichte dieser Zusammenhänge berichtet.[14] Man mag darüber nachsinnen, welche Perspektiven sich für die europäische Geistesgeschichte eröffnet hätten, wenn Rousseau damals tatsächlich nach Berlin übersiedelt wäre. Vielleicht hätte ihn das Schicksal seines Konkurrenten und Neiders Voltaire (1694– 1778) ereilt, der Hof und Hauptstadt Preußens nach mehrjähriger Verweildauer im Unfrieden wieder verließ. Möglicherweise wäre Rousseau jedoch auch zu vertiefteren Einsichten in die friderizianische Regierungspraxis und in die spezifische Aufbauleistung des Königs gelangt, deren Ausmaß und Qualität ja gerade in den Friedensjahrzehnten nach 1763 die bewundernde Anerkennung in- und ausländischer Augenzeugen finden sollte.

IV. Französischer und preußischer Absolutismus

Jedenfalls dürfte es für die Möglichkeiten und Grenzen der Rousseau-Rezeption im friderizianischen Preußen von einiger Bedeutung gewesen sein, dass engere Fühlungnahmen des Philosophen mit den strukturellen Gegebenheiten und den institutionellen Bauprinzipien der Hohenzollernmonarchie unterblieben sind. Rousseaus gesamte politische Phi-

---

[14] Vgl. Rousseau's Bekenntnisse. Aus dem Französischen von Levin Schücking. Bd. 2. Leipzig o. J., S. 387 ff.; die literatur- und ideengeschichtlichen Zusammenhänge erhellt umfassend *Georg Misch*: Geschichte der Autobiographie. Bd. 4/2: Von der Renaissance bis zu den autobiographischen Hauptwerken des 18. und 19. Jahrhunderts. Frankfurt am Main 1969, S. 832–886.

losophie war,[15] ebenso wie seine damit verbundene Vorstellung über das Wechselverhältnis von „Freiheit" und „natürlicher Ordnung",[16] aufs stärkste geprägt von der ihm anschaulich vor Augen stehenden Welt des *französischen* Absolutismus. Sein gesellschaftskritisches Denken speiste sich aus seinem Hass gegen die dort herrschenden Verhältnisse, gegen die staatliche Ordnung und gegen die sozialen Missstände des *ancien régime* in Paris, Versailles und Fontainebleau. Von dort her – und nicht etwa vom preußischen oder gar vom englischen Beispiel – kamen auch seine Abneigung gegenüber der monarchischen Staatsform und seine im Sechsten Kapitel des Dritten Buches des „Contrat social" formulierte skeptische Einstellung zum Königtum.[17] Die von ihm so sehr betonte Verwerflichkeit fürstlicher Herrschaft hatte ihren Grund ja gerade darin, dass der Monarch sich jene Souveränitätsrechte anmaßte, die nicht ihm, sondern dem Volk zustanden, dass er in despotischer Launenhaftigkeit den Gemeinwillen

---

[15] Dazu im vorliegenden Rahmen *Roger D. Masters*: The political Philosophy of Rousseau. Princeton, NJ 1968, S. 397 – 403, sowie direkt *Kurt Kluxen*: Zur politischen Philosophie Rousseaus. In: Historische Zeitschrift 209 (1969), S. 95 – 100.

[16] Zu diesem Aspekt vorzüglich *Otto Vossler*: Rousseaus Freiheitslehre. Göttingen 1963, bes. S. 290 ff., 352 ff.

[17] Vgl. *Jean-Jacques Rousseau*: Vom Gesellschaftsvertrag oder Prinzipien des Staatsrechts. In: Ders.: Kulturkritische und politische Schriften. 2 Bde. Hrsg. von Martin Fontius. Berlin 1989, Bd. 1, S. 381 – 505, hier S. 441 ff.; dazu *Paul Bastid*: Die Theorie der Regierungsformen. In: Reinhard Brandt und Karlfriedrich Herb (Hrsg.): Jean-Jacques Rousseau. Vom Gesellschaftsvertrag oder Prinzipien des Staatsrechts. 2., bearb. Aufl. Berlin 2012, S. 153 – 168.

zu Gunsten seiner privaten Sonderinteressen vernachlässigte und die Förderung des öffentlichen Wohls versäumte.

Solche Vorwürfe mochten im Blick auf die Regierungspraxis der Könige von Frankreich seit den 1660er Jahre einige Berechtigung besitzen. Sie nun allerdings pauschal dem Hohenzollernregiment in Preußen gegenüber zu erheben, wäre absurd gewesen.[18] Kein informierter Zeitgenosse hat dies damals ernsthaft getan, nicht einmal Friedrichs schärfste Kritiker hegten Zweifel an seiner Einsatzbereitschaft für das allgemeine Beste. Und auch die meisten anderen von Rousseau gegen die monarchische Staatsform namentlich ins Feld geführten Argumente besaßen für das Königtum Friedrichs des Großen keine Gültigkeit[19] – angefangen vom Vorwurf fürstlicher Verschwendungssucht und kostspieligen Repräsentationsgebarens über die Kritik an verweich-

---

[18] Dazu die instruktive Parallelsetzung von *Ernst Hinrichs*: Die „administrative" Monarchie und der Mächteneuling im Vergleich: Frankreich und Preußen in friderizianischer Zeit. In: Martin Fontius und Jean Mondot (Hrsg.): Französische Kultur – Aufklärung in Preußen. Berlin 2001, S. 69–87, hier S. 82 f.; umfassender *Catherine Betty Abigail Behrens*: Society, Government, and the Enlightenment. The Experience of Eighteenth-Century France and Prussia. London 1985.

[19] Zum friderizianischen Herrschaftsverständnis noch immer vorzüglich *Volker Sellin*: Friedrich der Große und der aufgeklärte Absolutismus. Ein Beitrag zu Klärung eines umstrittenen Begriffs. In: Ulrich Engelhardt, Volker Sellin und Horst Stuke (Hrsg.): Soziale Bewegung und politische Verfassung, Beiträge zur Geschichte der modernen Welt. Stuttgart 1976, S. 83–112; anregend ferner *Theodor Schieder*: Friedrich der Große. Ein Königtum der Widersprüche. Berlin 1983, S. 284–307.

lichter Prinzenerziehung, an geistig-körperlicher Inferiorität und einer allein durch Erbfolge, nicht hingegen durch Qualifikation legitimierten Regierungsspitze, bis hin zu der mit Abscheu registrierten Existenz eines schmarotzerhaft dahinlebenden Hofadels, dem jede Fähigkeit zu einer sinnvollen politischgesellschaftlichen Aufbauarbeit abhanden gekommen war.

Zugegeben: Rousseau entnahm die konkreten Vorbilder für ein – in seinem Sinne – ideal verfasstes Staatswesen den nicht eben sehr zahlreichen republikanischen Ordnungsmodellen der Weltgeschichte: Sparta, Rom, Venedig und vor allem seine Geburts- und Heimatstadt Genf galten ihm diesbezüglich als Muster. Doch war für ihn eine republikanische, d. h. dem Prinzip der Volkssouveränität verpflichtete politische Ordnung grundsätzlich auch im Rahmen einer Monarchie denkbar – wenn denn das Handeln des Monarchen am Gemeinwohl orientiert blieb, wenn es als Dienst an der Sache der *res publica* empfunden und betrieben wurde. Unter dem Regiment eines „guten" Königs konnte die Monarchie – Rousseau zufolge – sogar den Rang der besten aller möglichen Staatsformen für sich beanspruchen.[20] Wodurch aber zeichnete sich ein „guter" König aus? Eben dadurch, dass er sich als ein Mandatar des Volkes verstand, dass er sich als eine von persönlichen Interessen und privaten Bedürfnissen

---

[20] Dies betont nachdrücklich *Iring Fetscher*: Rousseaus politische Philosophie. Zur Geschichte des demokratischen Freiheitsbegriffs. Neuwied 1960, S. 164.

weitgehend unabhängige Institution begriff, die den gesellschaftlichen Nutzen förderte, Schutz und Rechtssicherheit für alle Bürger garantierte – und bei Nichterfüllung solcher Aufgaben ihre Existenzberechtigung verwirkt hatte. „Die Könige sind nicht etwa deshalb mit der höchsten Macht bekleidet worden, damit sie ungestraft in Ausschweifung und Luxus aufgehen könnten. Sie sind nicht zu dem Zweck über ihre Mitbürger erhoben worden, daß ihr Stolz in eitel Repräsentation sich brüste und der schlichten Sitte, der Armut, des Elends verächtlich spotte. Sie stehen keineswegs an der Spitze des Staates, um in ihrer Umgebung einen Schwarm von Nichtstuern zu unterhalten, die durch ihren Müßiggang und ihr unnützes Wesen alle Laster fördern ... Man präge sich dies wohl ein: die Aufrechterhaltung der Gesetze war der einzige Grund, der die Menschen bewog, sich Obere zu geben; denn das bedeutet den wahren Ursprung der Herrschergewalt."[21]

Diese Worte stammten nicht etwa von Rousseau, sondern aus der Feder Friedrichs des Großen, aus der Staatsschrift „Regierungsformen und Herrscherpflichten" von 1777. Hätte Rousseau diese Schrift des preußischen Königs gelesen – er starb wenige Monate nach deren Niederschrift, ohne sie jemals zu Gesicht zu bekommen –, hätte er darüber hinaus

---

[21] *Friedrich der Große*: Regierungsformen und Herrscherpflichten (1777). Wiederabgedruckt in: Die Werke Friedrichs des Großen in deutscher Übersetzung. Bd. 7: Antimachiavell und Testamente. Hrsg. von Gustav Berthold Volz. Deutsch von Eberhard König, Friedrich von Oppeln-Bronikowski und Willy Rath. Berlin 1913, S. 225–237, Zitate S. 226, 228.

gar die sich solchen Grundsätzen verpflichtet füh-
lende friderizianische Regierungspraxis gekannt, so
wäre aus ihm vielleicht noch kein unbedingter Par-
teigänger aufgeklärten Herrschertums geworden.
Dessen zweckrationale Handlungsmaxime, die alle
staatlichen Maßnahmen am Prinzip des Nutzens für
die Untertanen orientierte, dabei aber jede aktive
Beteiligung des Bürgers an der Gestaltung des Ge-
meinwohls kategorisch verwarf,[22] stand letztlich in
einem allzu krassen Gegensatz zu der von Rousseau
favorisierten patriotisch-gefühlsbetonten Form zivil-
gesellschaftlichen Engagements.[23] Doch darf die
kontrafaktische Frage erlaubt sein, ob eine derart
stark von persönlichen Eindrücken und Empfindungen geprägte politische Theorie wie jene des Genfer
Philosophen nicht unbeeinflusst geblieben wäre von
der konkreten Erfahrung des preußischen Beispiels?

Bot doch der in Berlin und Potsdam gepflegte Regierungsstil – nach den Worten von Norbert Elias
(1897 – 1990) – „das Gegenbild"[24] zum französi-

---

[22] Zu der damit verbundenen Kritik an Friedrichs Herr-
schaftsstil *Frank-Lothar Kroll*: Friedrich der Große. In:
Etienne François und Hagen Schulze (Hrsg.): Deutsche Erinnerungsorte. Bd. III. München 2001, S. 620 – 635, hier S. 621 f.

[23] Rousseaus diesbezügliches Ideal resümiert instruktiv
Karlfriedrich Herb: Rousseaus Theorie legitimer Herrschaft.
Voraussetzungen und Begründungen. Würzburg 1998,
S. 164 – 189. Für den ideengeschichtlichen Zusammenhang
Peter Riesenberg: Citizenship in the Western Tradition. Plato
to Rousseau. Chapel Hill, NC 1992.

[24] *Norbert Elias*: Die höfische Gesellschaft. Untersuchungen
zur Soziologie des Königtums und der höfischen Aristokratie
mit einer Einleitung: Soziologie und Geschichtswissenschaft.
Neuwied / Berlin 1969, S. 283.

schen Modell, wie es in der Privilegiengesellschaft des *ancien régime* vorherrschte. Dort orientierten sich Lebensweise und Finanzgebaren der Führungsschichten, mit dem König als oberstem Repräsentanten, an den Kategorien von „Rang", „Prestige" und „Status", ohne jede Rücksichtnahme auf die horrenden Kosten, die der damit verbundene Aufwand verursachte. Der Wille zur Sichtbarmachung und Aufrechterhaltung der eigenen, sozial herausgehobenen Position rangierte bis zur Revolution von 1789 weit vor jedem Gedanken, etwa durch eine gute und sparsame Haushaltsführung Überschüsse zu erwirtschaften und das dadurch frei werdende Kapital in die Entwicklung des Landes zu investieren.

Genau dies aber geschah in Preußen. Schon Friedrichs Vater und Vorgänger Friedrich Wilhelm I. (1688–1740) hatte damit begonnen, Wohlstand, Reichtum und Bevölkerungszahl des eigenen Landes mittels staatlicher Lenkungsinstrumente zu steigern, besonders auf infrastrukturellem und binnenkolonisatorischem Gebiet.[25] Bei Friedrich dem Großen wei-

---

25 Vgl. als gute Zusammenfassung *Peter Baumgart*: Friedrich Wilhelm I. In: Frank-Lothar Kroll (Hrsg.): Preußens Herrscher. Von den ersten Hohenzollern bis Wilhelm II. 4. Aufl. München 2009, S. 134–159, 328–330; ferner *ders.*: Herrschaftsauffassung und Regierungsstil der drei ersten Hohenzollernkönige (1988). Wiederabgedruckt in: Ders.: Brandenburg-Preußen unter dem Ancien régime. Ausgewählte Abhandlungen. Hrsg. von Frank-Lothar Kroll. Berlin 2009, S. 69–83, sowie neuerdings grundlegend *Wolfgang Neugebauer*: Die Hohenzollern. Bd. 1: Anfänge, Landesstaat und monarchische Autokratie bis 1740. Stuttgart/Berlin/Köln

tete sich dieses landespflegerische Engagement dann zu einem nach 1763 nahezu alle Bereiche der Innenpolitik umfassenden Konsolidierungswerk.[26] Hinzu kam die in strikter Selbstdisziplin persönlich vorgelebte Leitbildfunktion des Königs. Sein auf Arbeit, Askese und rastlosen Einsatz für das Wohl von Staat und Gesellschaft eingerichteter Alltag begann in der Regel um fünf Uhr morgens, endete bis ins hohe Alter zumeist erst weit nach Mitternacht und führte immer wieder an die Grenzen der körperlichen Belastbarkeit. Friedrichs Bereitschaft zur Bündelung aller Energien, sein Wille zu äußerstem Einsatz und Verzicht, bis hin zur Aufgabe privaten Lebensglücks zugunsten seiner Rolle als *premier serviteur de l'état*, entsprachen weitgehend dem Ideal eines „guten Regenten", wie es vom Herrscherbild der Aufklärung gezeichnet worden ist. Umgekehrt wird man in der jahrzehntelangen friderizianischen Regierungstätigkeit einen Hauptgrund für die nur sehr begrenzte Rezeption der Rousseauschen Souveränitätstheorie im Preußen des 18. Jahrhunderts erblicken dürfen. Rousseaus politische Philosophie zielte in vielen Punkten an den damaligen Realitäten des Hohenzollernstaates schlichtweg vorbei, weil diesem die Qualität eines wohlgeordneten, an den Prinzipien der Humanität, Effektivität und Rechtsstaatlichkeit orientierten Gemeinwesens in einem Ausmaß eig-

---

1996, S. 197–220; Bd. 2: Dynastie im säkularen Wandel. Von 1740 bis in das 20. Jahrhundert. Stuttgart 2003, S. 27–32.

[26] Dazu weiterhin maßgeblich *Walther Hubatsch*: Friedrich der Große und die preußische Verwaltung. Berlin/Köln 1973, hier bes. S. 99 ff., 135 ff., 146 ff., 190–221.

nete, wie es dem zeitgenössischen Frankreich weitgehend ermangelte.

V. Aufklärungsoptimismus
oder Zivilisationskritik?

Missverständnisse, Fehldeutungen und mangelnde Bereitschaft, sich mit den spezifischen Auffassungen und Handlungszwängen des jeweils anderen genauer auseinanderzusetzen, prägten auch die Diskussion zwischen dem König und Rousseau über dessen Kultur- und Zivilisationstheorie, deren Widerhall bereits aus Friedrichs anfangs zitierten Bemerkungen über seinen kurzzeitigen Neuenburger Schützling angeklungen war. Gemäß der von Rousseau verfochtenen Doktrin[27] war für die Menschheit der Weg zur Rückkehr in das vermeintlich „Goldene Zeitalter" der Einfachheit, Natürlichkeit und wissensfernen Unbekümmertheit dauerhaft verschlossen.[28] Das verlorengegangene Traumland einst vor-

---

[27] Vgl. *Jean-Jacques Rousseau*: Schriften zur Kulturkritik. Über Kunst und Wissenschaft (1750). Über den Ursprung der Ungleichheit unter den Menschen (1755). Eingeleitet, übersetzt und hrsg. von Kurt Weigand. 2., durchgesehene Aufl. Hamburg 1971.

[28] Zu Rousseaus umstrittener Depravationstheorie im vorliegenden Zusammenhang *Arthur O. Lovejoy*: The Supposed Primitivism of Rousseau's „Discourse on Inequality" (1923). Wiederabgedruckt in: Ders.: Essays in the History of Ideas. New York 1960, S. 14–37; *Lawrence H. Keeley*: War Before Civilization. The Myth of the Peaceful Savage. New York 1996; ferner die kenntnisreiche und auch mit Blick auf Rousseau weiterführende Studie von *Hans-Joachim Mähl*: Die Idee

handener Unschuld, Ursprünglichkeit und Tugend vermochte durch kein noch so umfassend angelegtes Restitutionswerk wiedergewonnen werden. Aber dem „Gift" der Zivilisation, das dieses Traumland durchdrungen und zersetzt hatte, konnte man auch in der Gegenwart noch entgegenwirken – indem man der intellektualistischen Kultur des Aufklärungszeitalters widerstand. Denn die aufklärerischen Rationalisten waren weiterhin dabei, Schaden in die Welt und Unglück über die Menschen zu bringen.

Eine solche Sichtweise musste dem preußischen König als einem der führenden Repräsentanten eben dieses Zeitalters nun allerdings unerträglich erscheinen. Friedrich geriet über Rousseaus Dekadenztheorie, die ihm in groben Umrissen wohl von Voltaire vermittelt und daher auf eine nur sehr verzerrte Weise zur Kenntnis gebracht worden war,[29] in derartige Empörung, dass er ihr mit einer eigenhändigen Abhandlung programmatisch entgegentrat, die 1772 in der Berliner Akademie der Wissenschaften verlesen wurde. Wortgewandt plädierte der König in dieser Schrift „Über den Nutzen der Künste und Wissenschaften im Staate" zugunsten der durchaus sittenverbessernden Qualität kultureller Leistungen und wissenschaftlicher Errungen-

---

des goldenen Zeitalters im Werk des Novalis. Studien zur Wesensbestimmung der frühromantischen Utopie und zu ihren ideengeschichtlichen Voraussetzungen. Heidelberg 1965, bes. S. 170–178.

[29] Vgl. speziell *Jochen Schlobach*: Französische Aufklärung und deutsche Fürsten. In: Zeitschrift für Historische Forschung 17 (1990), S. 327–349.

schaften. Er rechtfertigte damit nicht nur das Generalanliegen der Aufklärung, sondern zugleich auch Sinn und Ziel seiner eigenen Regententätigkeit. Wie könne man denn nur, wie Rousseau dies fordere, „die rohe Natur einer vervollkommneten, den Mangel an Existenzmitteln dem auskömmlichen Leben, Grobheit der Höflichkeit, Sicherheit des Eigentums, die man unter dem Schutze der Gesetze genießt, dem Recht des Stärkeren und der Räuberei vorziehen, die Habe und Wohlfahrt der Familien zerstört? Die Gesellschaft ... kann weder der Künste noch der Wissenschaften entbehren".[30]

So berechtigt und sympathisch solche nicht unbedingt häufigen Stellungnahmen eines deutschen Staatsoberhauptes gegen kulturpolitischen Kahlschlag und bildungsfeindlichen Proletkult aus heutiger Perspektive erscheinen mögen – Friedrich schrieb damit letztlich genauso an den Intentionen Rousseaus vorbei, wie dieser die staatliche Aufbauarbeit seines gekrönten Widerparts verkannte. Denn Rousseaus Kulturkritik richtete sich – unbeschadet ihrer rhetorischen Radikalität und ihres puritanischen Eifers – in erster Linie doch gar nicht gegen wissenschaftlichen Fortschritt und künstlerische

---

[30] *Friedrich der Große*: Über den Nutzen der Künste und Wissenschaften im Staate (1772). Wiederabgedruckt in: Die Werke Friedrichs des Großen (wie Anm. 21). Bd. 8: Philosophische Schriften. Hrsg. von Gustav Berthold Volz. Deutsch von Friedrich von Oppeln-Bronikowski. Berlin 1913, S. 54–61, Zitat S. 56; für den Zusammenhang *George R. Havens*: Eighteenth-Century Critics of Rousseau's „Second Discourse". In: Jean Macary (Hrsg.): Essays on the Age of Enlightenment in Honor of Ira O. Wade. Genf 1977, S. 143–154.

Neuerungen an sich. Was der Philosoph verwarf, wem sein gesammelter Hass und sein konzentrierter Ekel galten, das waren die Wucherungen und Auswüchse der artifiziellen Pariser Hofkultur mit ihrem überbordenden Luxus und ihrer als mutwillig empfundenen Verschwendungssucht, ihrem überzüchteten Raffinement, ihrer moralischen Doppelbödigkeit und ihrem seichten Bildungsfirnis.[31]

Solche höfischen Entartungserscheinungen absolutistischen Herrschertums waren im damaligen Europa nun freilich nirgendwo verpönter als am preußischen Königshof. Schon Friedrichs Vater Friedrich Wilhelm I. hatte – nicht zuletzt in Frankreich – Kopfschütteln und Unverständnis hervorgerufen, weil er sich im Zeitalter der Allonge-Perücke, des Veilchenparfüms und der erhöhten Unlust an reinigenden Unternehmungen allmorgendlich in einem Trog mit eiskaltem Wasser wusch und einen beinahe bürgerlich wirkenden Lebensstil pflegte. Aus seiner Abneigung gegen jede Art von Prunk, Pomp und royalem Gepränge hatte er ebenso wenig ein Geheimnis gemacht wie aus seiner Vorliebe für „nützliche" Wissenschaften, zu denen er, ganz im Sinne Rousseaus, etwa die Medizin oder die Kame-

---

[31] Dazu sehr instruktiv *Kurt Weigand*: Rousseaus negative Historik. In: J.-J. Rousseau: Schriften zur Kulturkritik (wie Anm. 27), S. VII–LXXIX. Für die geistesgeschichtlichen Zusammenhänge noch immer wegweisend *Bernhard Groethuysen*: Die Entstehung der bürgerlichen Welt- und Lebensanschauung in Frankreich. 2 Bde. Halle/Saale 1927; vgl. ferner *Martin Göhring*: Weg und Sieg der modernen Staatsidee in Frankreich. Vom Mittelalter zu 1789. Tübingen 1946, bes. S. 154 ff.

ralistik rechnete. Zwar wurden der ungepflegte Ton seiner Sprache, seine rustikalen Umgangsformen, die Plumpheit seiner Manieren, welches alles Rousseau vielleicht als Ausdruck einer ihn entzückenden *bonté naturelle* gedeutet hätte, vom Sohn und Nachfolger so nicht übernommen. Doch Luxus am Hof und Verschwendung im Staatsleben waren auch Friedrich dem Großen ein Graus. Und was der dritte Hohenzollernkönig von einem müßiggängerischen Adel hielt, der – wie jener am Hof von Versailles – Rousseaus Kampf gegen die höfische Raffinesse nur als eine neue, gesteigerte Variante dieser Raffinesse zu empfinden vermochte und sich darin gefiel, die modische Attitüde eines snobistisch drapierten Primitivismus zu kultivieren, hat Friedrich nicht nur in seiner schon zitierten Staatsschrift von 1777 artikuliert, sondern auch zahlreichen Adressaten seiner umfangreichen politisch-literarischen Korrespondenz immer wieder unmissverständlich vor Augen geführt.

Dass die spezifische Stoßrichtung von Rousseaus Gesellschaftskritik – wie übrigens auch seine Monarchieschelte – im Falle Preußens weitgehend ins Leere zielte, dürfte einer jener Gründe gewesen sein, welche der Rezeption seiner Lehren in Berlin, Potsdam oder Königsberg, in Breslau, Halle oder anderen intellektuellen Mittelpunkten des Hohenzollernstaates bis in die ausgehenden 1790er Jahre vergleichsweise enge Grenzen setzen sollten. Dies bedeutet keineswegs, dass sich die meisten zeitgenössischen Repräsentanten des preußischen Geisteslebens nicht mit Rousseaus Werken und mit seiner eigenwilligen Persönlichkeit eingehender beschäftigt hätten – im Gegenteil![32] Die entsprechenden Urteile und Stellungnahmen reichten von entschiedener Wertschätzung wie etwa bei Immanuel Kant (1724–1804), dem Rousseau als „Newton der sittlichen Welt" erschien,[33] bis hin zur konsequenten Ablehnung von Seiten Moses Mendelssohns (1729–1786), der ihn für einen gefährlichen Leichtfuß hielt,[34] wobei das Werk des Genfers im Verlauf solchen Rezeptionsgeschehens mancherlei bemerkens-

---

[32] Aus der reichhaltigen diesbezüglichen Literatur *Karl S. Guthke*: Zur Frühgeschichte des Rousseauismus in Deutschland. In: Zeitschrift für deutsche Philologie 77 (1958), S. 384–396; *Jacques Mounier*: La fortune des écrits de Jean-Jacques Rousseau dans les pays de langue allemande de 1782 à 1813. Paris 1980; *Helmut Kreuzer* und *Ursula Link-Heer* (Hrsg.): Rousseau und Rousseauismus. Göttingen 1986; *Rüdiger Bubner* und *Iring Fetscher* (Hrsg.): Rousseau und die Folgen. Göttingen 1989, sowie *Herbert Jaumann* (Hrsg.): Rousseau in Deutschland. Neue Beiträge zur Erforschung seiner Rezeption. Berlin 1995 (mit umfassendem Literaturverzeichnis).

[33] Zitat nach *Gerd-Klaus Kaltenbrunner*: Rousseau und die Deutschen. Von Lessing bis Nietzsche. In: Deutsche Studien 16 (1978), S. 215–226, hier S. 217. Der Königsberger Philosoph rechnete seinen Genfer Fachkollegen überdies zu jenen Persönlichkeiten, die sein eigenes Denken überhaupt erst in Form gebracht hätten; vgl. *Otto Vossler*: Burke und Rousseau. In: Ders.: Geist und Geschichte. Von der Reformation bis zur Gegenwart. Gesammelte Aufsätze. München 1964, S. 117–129, hier S. 117.

[34] Vgl. *Martin Fontius*: Rousseau in Deutschland im 18. Jahrhundert. In: Heinz Duchhardt und Claus Scharf (Hrsg.): Interdisziplinarität und Internationalität. Wege und Formen der Rezeption der französischen und der britischen Aufklärung in Deutschland und Rußland im 18. Jahrhundert. Mainz 2004, S. 153–164, hier S. 156 f.

werte Umdeutungen erfahren sollte.[35] Aber eben: Die politisch-gesellschaftliche Wirklichkeit des preußischen Staates folgte – jedenfalls bis zu Friedrichs Abgang 1786 – gerade *nicht* den von Rousseau so sehr gehassten Gepflogenheiten monarchisch-aristokratischer Privilegienwahrung, denen man, wie in Frankreich, unbedingten Vorrang gegenüber allen wirtschaftlichen, sozialen oder landespflegerischen Maßnahmen einräumte. In Preußen versuchte man stattdessen mit einigem Erfolg, durch eine solide Verwaltung Überschüsse im Staatshaushalt zu erwirtschaften, und man investierte dort die so gewonnenen Ressourcen in die Entwicklung und Modernisierung des Landes. Vielleicht wäre das skizzierte preußische „Modell" als Gegenwurf zum französischen „Vorbild" für Rousseau nicht ohne Reiz gewesen – wenn er es denn näher gekannt hätte.

---

[35] Dazu *Ursula Link-Heer*: Facetten des Rousseauismus. Mit einer Auswahlbibliographie zu seiner Geschichte. In: Zeitschrift für Literaturwissenschaft und Linguistik 63 (1986), S. 127–163; *Uwe Hentschel*: „… da wallfahrte ich hin, oft mit der neuen Heloise in der Tasche …". Zur deutschen Rousseau-Rezeption im 18. und beginnenden 19. Jahrhundert. In: Euphorion 96 (2002), S. 47–74; *Bernhard Böschenstein*: Rousseau und die deutschen Dichter um 1800. In: Peter Gasser und Jürgen Söring (Hrsg.): Rousseauismus. Naturevangelium und Literatur. Frankfurt am Main / Berlin / Bern / Brüssel / New York / Wien 1999, S. 199–220.

VI. Der Philosoph und
das Selbstverständnis Russlands

War die Rousseau-Rezeption in Preußen weitgehend entlang der Schattenlinien Friedrichs des Großen rekonstruiert worden – wenngleich sie in ihren Möglichkeiten nicht von diesen Linien begrenzt wurde –, so gewann sie in *Russland* weitaus umfassendere Dimensionen, deren Wirkungsradius wohl nur noch von einem einzigen westlichen Philosophen erreicht und dann allerdings entschieden übertroffen werden sollte – von Karl Marx (1818– 1883). Charakteristisch für die Aufnahme Rousseaus bei seiner potentiellen russischen Leserschaft, die sich infolge des geringen Alphabetisierungsstandes im damaligen Zarenreich freilich auf die Angehörigen einer kleinen aristokratischen Elite beschränkte und zahlenmäßig nicht mehr als einige tausend Familien umfasste,[36] war ein bemerkenswert hoher Grad an Uneinheitlichkeit, ja Widersprüchlichkeit. Rousseau wurde dort viel stärker als im europäischen Westen in verschiedene Rezeptions-Segmente zerlegt, die teilweise in deutlich andere Richtungen wiesen, jedoch allesamt nebeneinanderher liefen. Und während im friderizianischen Preußen Lehren und Werke des Genfer Philosophen auf einen vergleichsweise wenig fruchtbaren Boden gefallen waren, entwickelten zahlreiche Gedanken und

---

[36] Dazu und für das Folgende grundlegend und maßgeblich *Thomas Barran*: Russia reads Rousseau, 1762–1825. Evanston, IL 2002, bes. S. 14–47 (leider mit teilweise sehr unzuverlässigen bibliographischen Angaben).

Ideen Rousseaus im politisch-intellektuellen Milieu Russlands im Verlauf der zweiten Hälfte des 18. und des frühen 19. Jahrhunderts erhebliche Strahlkraft und weitreichende Resonanz.[37]

Mit Preußen hatte sich Rousseau niemals näher beschäftigt, der Hohenzollernstaat blieb für ihn zeitlebens eine *terra incognita*. Russland hingegen war mehrfach zum Gegenstand seiner Überlegungen avanciert. Im Achten Kapitel des Zweiten Buches des „Contrat social" dachte Rousseau sehr dezidiert und in keineswegs schmeichelhafter Weise über die Zukunft des Zarenreiches und seiner Bewohner nach.[38] Ausgangspunkt seiner russlandkritischen Bekundungen war – wie bei allen Vertretern der Aufklärung, die sich mit dem Imperium im Osten auseinandersetzen[39] – das Reformwerk Zar Peters

---

[37] Zur Rousseau-Rezeption in Russland ferner allgemein *Charles de Larivière*: Jean-Jacques Rousseau et la Russie. In: Annales de la Société Jean-Jacques Rousseau 20 (1931), S. 193–212; *Mikhail Mikhailovič Shtrange*: Jean-Jacques Rousseau et ses contemporains russes. In: Annales historiques de la Révolution française 34 (1962), S. 515–528; *Alla Zlatopolskaja*: Die religiös-moralischen und sozialphilosophischen Ideen Rousseaus im Kontext des russischen Denkens in der zweiten Hälfte des 18. und im ersten Viertel des 19. Jahrhunderts. In: H. Duchhardt/C. Scharf (Hrsg.): Interdisziplinarität und Internationalität (wie Anm. 34), S. 165–185.

[38] *J.-J. Rousseau*: Vom Gesellschaftsvertrag (wie Anm. 17), S. 418 f.

[39] Zum Russlandbild der Aufklärung grundlegend *Dieter Groh*: Rußland und das Selbstverständnis Europas. Ein Beitrag zur europäischen Geistesgeschichte. Neuwied 1961, S. 17–80; *Heinz Gollwitzer*: Europabild und Europagedanke. Beiträge zur deutschen Geistesgeschichte des 18. und 19. Jahrhunderts. München 1951, S. 77–89; *Lew Kopelew*: Neues Verständnis

des Großen (1672–1725). Hatte Rousseaus zeitge-
nössischer Widerpart Voltaire diese Reformen als
Marksteine auf dem Weg des Fortschritts in der Geschichte der Menschheit überschwänglich gerühmt,
so bezog der Genfer hier eine deutlich entgegenge-
setzte Position. Rousseau war der erste westeuropäische Denker, der die petrinischen Reformen mit
dem Vorwurf konfrontierte, sie hätten Russland von
dessen „natürlicher" Entwicklungsrichtung abge-
lenkt und auf grundsätzlich falsche Bahnen geführt.
Statt die Maßstäbe für eine Erneuerung von Staat
und Gesellschaft aus den Gegebenheiten der eigenen, russischen Kultur, Geschichte und Volkstradi-
tion zu gewinnen, seien unter Peter dem Großen
Normen und Wertvorstellungen von Europa nach
Russland transformiert worden, die nicht zu dessen
Entwicklungsdynamik passten und die ihm nicht
bekamen. So wurden die Russen – Rousseau zufolge
– daran gehindert, das zu werden, was sie „eigent-
lich" hätten sein können. Sie wurden niemals vollständig zivilisiert, weil sie der europäischen Zivilisation, für die sie noch nicht „reif" genug waren, viel
zu früh unterworfen wurden.[40] Eine solche Sicht-

---

und neue Mißverständnisse, neue Verbindungen und neue
Widersprüche. Zum Rußlandbild der deutschen Aufklärung.
In: Mechthild Keller (Hrsg.): Russen und Rußland aus deut-
scher Sicht. 18. Jahrhundert: Aufklärung. München 1987,
S. 11–34.

[40] Vgl. *Albert Lortholary*: Les „philosophes" du XVIIIe
siècle et la Russie. Le mirage russe en France au XVIIIe siècle.
Paris 1951, sowie neuerdings vorzüglich *Martin Munke*: Musterbeispiel oder Irrweg? Französische Russlandbilder im Zeitalter der Aufklärung unter besonderer Berücksichtigung der
Aufzeichnungen des François Auguste Thesby de Belcour. In:

weise war für die generelle Einschätzung Rousseaus von ebenso großer Bedeutung wie für das Selbstverständnis Russlands.

Mit Blick auf Rousseau verwies sie, einmal mehr, auf dessen im Grunde konservative Grundhaltung,[41] die ihn von seinen rationalistisch-fortschrittsorientierten Zeitgenossen, zumal in Frankreich, ebenso schied, wie sie ihn als Vorläufer und Wegbereiter eines Staatsdenkens auszeichnete, dem organische Entwicklungen und historisch gewachsene Eigenarten am Herzen lagen. Rousseau firmierte in diesem Sinne als Protagonist eines Denkens, das völkerspezifische Unterschiede herausstellte und jeden Anspruch auf normative, allgemeinverbindliche oder gar universalgültige Problemlösungsversuche verwarf. In eine ähnliche Richtung zielten ja auch seine „Considérations sur le gouvernement de la Pologne et sur sa réformation projetée" von 1772, um deren Niederschrift ihn die polnische Patriotenpartei kurz vor der Teilung des Landes durch Preußen, Russland und Österreich gebeten hatte.[42] Abgesehen von

---

Frank-Lothar Kroll und Martin Munke (Hrsg.): Die Reise nach Russland. Wahrnehmungen und Erfahrungsberichte aus fünf Jahrhunderten. Berlin 2013, S. 47–78.

[41] Zu Rousseaus „Konservativismus" und seiner daraus resultierenden Sonderstellung im Kreis der französischen Aufklärungsphilosophen z. B. *Robert Spaemann*: Rousseau – Bürger ohne Vaterland. Von der Polis zur Natur. München 1980, S. 34 ff.; *Stefan Breuer*: Rousseau und die Folgen. In: Ders.: Moderner Fundamentalismus. Berlin / Wien 2002, S. 29–51, sowie in größeren Zusammenhängen *Mark Hulliung*: The Autocritique of Enlightenment. Rousseau and the Philosophes. Cambridge, Mass. 1994.

den hier erneut deutlich bekundeten generellen Vor-
behalten gegenüber Russland und den Russen, die,
wenig zuvorkommend, als lasterhaft, barbarisch und
unrettbar dem Despotismus verfallen charakterisiert
wurden, denen gegenüber Polen als „Barrièrestaat"
die Kultur Europas zu bewahren habe – abgesehen
von solchen anti-russischen Ressentiments betonte
Rousseau auch in dieser Schrift[43] die Relativität aller
politischen Einrichtungen, die prinzipielle Verfehlt-
heit jeder Bemühung um Übertragung eines vermeintlich „idealen" Verfassungszustands oder Ge-
sellschaftsmodells auf andere historische Gesche-
hensregionen, und, aus alledem folgernd, die Not-
wendigkeit einer der Natur des Volkes und dessen
Sitten jeweils angemessenen Gesetzgebung.

---

[42] Vgl. *Jean-Jacques Rousseau*: Betrachtungen über die Re-
gierung von Polen und ihre beabsichtigte Reformierung. In:
Ders.: Kulturkritische und politische Schriften (wie Anm. 17),
Bd. 2, S. 433–530.

[43] Aus der reichhaltigen neueren Literatur dazu *Jerzy Lukowski*: Recasting Utopia. Montesquieu, Rousseau and the Polish Constitution of 3 May 1791. In: The Historical Journal 37
(1994), S. 65–87; *Ethan Putterman*: Realism and Reform in
Rousseau's Constitutional Projects for Poland and Corsica. In:
Political Studies 49 (2001), S. 481–494; *Dietmar Herz*: Rousseau als Gesetzgeber. Über die Verfassungsentwürfe im „Projet
de Constitution pour la Corse" und den „Considérations sur
le gouvernement de Pologne". In: Wolfgang Kersting (Hrsg.):
Die Republik der Tugend. Jean-Jacques Rousseaus Staatsverständnis. Baden-Baden 2003, S. 147–174; für den historischen
Zusammenhang *Peter Leisching* und *Helmut Reinalter* (Hrsg.):
Die polnische Verfassung vom 3. Mai 1791 vor dem Hintergrund der europäischen Aufklärung. Frankfurt am Main / Berlin / Bern / New York / Paris / Wien 1997, sowie *Richard Butterwick*: Political Discourses of the Polish Revolution, 1788–92.
In: The English Historical Review 120 (2005), S. 695–731.

Mit Blick auf Russland präludierte Rousseaus Kritik am nachahmerischen Habitus Peters des Großen und dessen Reformen nichts Geringeres als die *Leitfrage* russischen Geschichtsdenkens und russischer Philosophie im gesamten 19. Jahrhundert und, darüber hinaus, das wohl wichtigste Thema russischen politischen Gegenwartshandelns und russischer Zukunftsperspektiven im 21. Jahrhundert: die Frage, ob der Entwicklungszustand Westeuropas für das Schicksal Russlands vorbildhafte Bedeutung oder eher abschreckende Wirkung besitze.[44] Diese Frage hat nahezu alle maßgeblichen russischen Intellektuellen des 19. und frühen 20. Jahrhunderts beschäftigt und zu positiv-„westlerischen" oder zu negativ-slawophilen Antworten herausgefordert,[45] bevor sie dann der Bolschewismus insofern einer unglücklicherweise bis heute fortwirkenden Beantwortung zuführte, als er westeuropäische Muster zwar in all ihren technisch-materiellen Komponenten übernahm, dabei jedoch die entscheidenden Parameter der politischen Kultur des Westens – Individualismus und Rechtsstaatlichkeit, Humanitätsgesinnung

---

[44] Dazu jetzt im Zusammenhang mit Angabe aller wesentlichen weiterführenden Literatur *Frank-Lothar Kroll*: Rußland und Europa. Historisch-politische Probleme und kulturelle Perspektiven. In: Peter Jurczek und Matthias Niedobitek (Hrsg.): Europäische Forschungsperspektiven. Elemente einer Europawissenschaft. Berlin 2008, S. 13 – 58.

[45] Dazu maßgeblich *Alexander von Schelting*: Rußland und Europa im russischen Geschichtsdenken. Bern 1948, sowie *ders.*: Rußland und der Westen im russischen Geschichtsdenken der zweiten Hälfte des 19. Jahrhunderts. Aus dem Nachlaß hrsg. und bearb. von Hans-Joachim Torke. Berlin 1989.

und politisches Partizipationsstreben – kompromisslos und dauerhaft aussparte.

VII. Widersprüchliche Rezeptionswege

Für die zeitgenössische Rousseau-Rezeption im Russland des 18. Jahrhunderts war die Skepsis des Genfer Philosophen gegenüber den Segnungen zivilisatorischer Errungenschaften und kultureller Aufwärtsentwicklung infolge seiner damit zugleich verbundenen Kritik an Peters des Großen Imitation westlicher Beispiele eine noch weitaus umfassendere Herausforderung als für das Preußen Friedrichs des Großen. Denn solch vorgetragene Skepsis und Kritik vermochten im Zarenreich damals all jenen Munition zu liefern, denen an einer Restauration vorpetrinischer, alt-russischer Zustände gelegen war. Und so ist denn schon von Pavel Sergeevič Potemkin (1743–1796), der die ersten und frühesten Übersetzungen Rousseauscher Schriften ins Russische besorgte – 1768 und 1770 die beiden „Diskurse" (von 1750 und 1755), 1769 den ersten Teil des Briefromans „Julie ou La Nouvelle Héloise" (von 1761)[46] –, in den Einführungen zu seinen Texteditionen ausdrücklich darauf hingewiesen worden, dass man Rousseau, unbeschadet des prinzipiellen Ranges seiner Werke, in dessen skeptischer Beurtei-

---

[46] Dazu detailliert *Th. Barran*: Russia reads Rousseau (wie Anm. 36), S. 65 ff., 68 ff., 74 ff., 80 f.; dort (S. 386–392) auch eine chronologische Auflistung sämtlicher Rousseau-Übersetzungen ins Russische, die zwischen 1762 und 1822 erschienen sind.

lung künstlerischen und wissenschaftlichen Fortschritts und in der vermeintlichen Propagierung eines „neuen Barbarentums" nicht folgen dürfe. Die frühen Zeiten der Menschheit seien keineswegs von einem idyllischen und glücklichen Leben, sondern von rohem Kampf und ständigem Unfrieden geprägt gewesen. Erst die Herausformung herrschaftlicher Hierarchien habe solchen Misslichkeiten ein Ende bereitet.

Potemkin besaß enge Kontakte zum kaiserlichen Hof in Sankt Petersburg. Er war ein Neffe von Grigorij Aleksandrovič Potemkin (1739–1791), dem späteren „Favoriten" Katharinas II. (1729–1796), zudem ein guter Bekannter von Grigorij Grigorjevič Orlov (1734–1783), dem Liebhaber der Kaiserin und Mörder des Zaren Peter III. Orlov wiederum hatte Potemkins Übersetzungsarbeiten ideell unterstützt und finanziell gefördert und Rousseau schon 1767 dazu aufgefordert, nach Russland zu kommen, um dort auf seinem Gut Gatchina dauerhaft zu leben – was der Philosoph, unter Verweis auf seinen angegriffenen Gesundheitszustand und das schlechte Klima im Nordosten, höflich abgelehnt hatte.[47]

Katharina II. indes hat, stärker noch als ihr hohenzollernscher Amtskollege in Preußen, gegenüber Rousseau eine lebenslange Abneigung gehegt, in welcher sie Voltaire, den sie bewunderte und der sie umschmeichelte, nach Kräften bestärkte.[48] 1763

---

[47] Zu den Einzelheiten ebd., S. 61 ff.

[48] Dazu ausführlich *Inna Gorbatov*: Catherine the Great and the French Philosophers of the Enlightenment: Montes-

ließ sie sich sogar dazu hinreißen, den Verkauf und Vertrieb der französischen Ausgabe des im Vorjahr erschienenen Romans „Émile" zu verbieten und eine eventuell erfolgende Übersetzung ins Russische vorsorglich der Zensur zu unterstellen[49] – mit der Begründung, der Inhalt dieses Werkes verstoße „gegen Gesetz und Moral".[50]

Es entsprach der schon erwähnten Widersprüchlichkeit russischer Rousseau-Rezeption, dass Katharina II., trotz solcher Verbotsmaßnahmen, nicht darauf verzichten mochte, einzelnen Aspekten der von Rousseau im „Émile" formulierten „natürlichen" Erziehungsgrundsätze[51] enthusiastisch zuzustimmen und ihren Enkel, den späteren Zaren Alexander I. (1777 – 1825), im Geist Rousseauscher Ideale ausbilden zu lassen. Auch Ivan Ivanovič Betskoij (1704 –

quieu, Voltaire, Rousseau, Diderot and Grimm. Bethesda, MD 2006, bes. S. 117 – 144 (Rousseau), 59 – 114 (Voltaire).

[49] Zur Handhabung der Zensur unter Katharinas Regierung *Gary Marker*: Publishing, Printing, and the Origins of Intellectual Life in Russia, 1700 – 1800. Princeton, NJ 1985, S. 212 – 232; ferner *ders.*: Merchandising Culture. The Market for Books in Late Eighteenth-Century Russia. In: Eighteenth-Century Life 8 (1982), S. 46 – 71, sowie *Kasimir Adam Papmehl*: Freedom of Expression in Eighteenth-Century Russia. Den Haag 1971.

[50] Der fast zeitgleich zum „Émile" vollendete „Contrat social" mit seinen russlandskeptischen Passagen blieb von diesem Verbot erstaunlicherweise unberührt, wurde im 18. Jahrhundert allerdings auch niemals vollständig ins Russische übertragen. Die erste russische Teilübersetzung des „Émile" besorgte 1779 Petr Ivanovič Strakhov (1757 – 1813).

[51] Darüber zuletzt perspektivenreich *Brigitte Schlosser*: Rousseaus „Émile ou de l'Éducation". Ein Erziehungsentwurf aus produktiver Einbildungskraft. Marburg 2008.

1795), der von ihr beauftragt wurde, die Schulen und Erziehungsanstalten in Sankt Petersburg und Moskau nach „westlichen" Vorbildern zu reformieren, war deutlich von Rousseaus pädagogischen Theorien beeinflusst.[52] Die zaristische Regierung unternahm nach dem Verbot von 1763 nichts mehr, um die Diskussion über seine Ideen zu kontrollieren oder sie gar zu unterbinden. Und so haben sich denn die verschiedensten Repräsentanten des russischen Geisteslebens im letzten Drittel des 18. Jahrhunderts mit Leben und Werken des Genfer Philosophen auseinandergesetzt. Einig waren sich die meisten Diskussionsteilnehmer dabei in dessen genereller Wertschätzung, ja Bewunderung. Einen darüber hinausgehenden, auch nur einigermaßen einheitlichen Interpretationsrahmen hat es indes nicht gegeben. Rousseau wurde für höchst unterschiedliche Zwecke und Zielsetzungen zu vereinnahmen versucht. *Drei* Interpretationshaltungen erwiesen sich als bestimmend und nachhaltig.

1. In eine deutlich progressive Richtung ging die Rousseau-Rezeption bei den beiden Satirikern Denis Ivanovič Fonvizin (1745–1792) und Ivan Ivanovič Chemnitzer (1745–1784).[53] Fonvizin, einer der frühesten russischen Komödiendichter, hatte sich in

---

[52] Vgl. *David L. Ransel*: Ivan Betskoi and the Institutionalization of the Enlightenment in Russia. In: Canadian-American Slavic Studies 14 (1980), S. 327–338; allgemeiner *Joseph Laurence Black* (Hrsg.): Citizens for the Fatherland. Education, Educators, and Pedagogical Ideals in Eighteenth Century Russia. New York 1979.

[53] Vgl. *Th. Barran*: Russia reads Rousseau (wie Anm. 36), S. 100–123, 160 ff.

Rousseaus Todesjahr 1778 in Frankreich aufgehalten,[54] teilte des Genfers Gesellschaftskritik und übertrug sie auf die Zustände im eigenen Land. Vor allem die am Sankt Petersburger Hof herrschende Günstlingswirtschaft mit ihrer autokratischen Willkür, ihrer Korruption und ihrem Hang zum Missbrauch politischer Macht widersprach seinen eigenen Moralvorstellungen und Sittlichkeitspostulaten,[55] wie er sie in Rousseaus vermeintlicher Rechtschaffenheit, seiner Wahrheitsliebe und seiner Selbstlosigkeit umso mehr wiederzufinden glaubte. Chemnitzer, Schöpfer der russischen Fabel, stimmte mit Rousseaus Skepsis gegenüber der westlichen Zivilisation ebenfalls überein. Darüber hinaus pries er die verlorengegangene Freiheit, Gleichheit und Tugendhaftigkeit des „natürlichen" Menschen, der keinem gesellschaftlichen Normierungsdruck unterlag, und beschwor die Vorzüge eines „einfachen Lebens" diesseits aller Annehmlichkeiten des Luxus und der Kultur.

2. Demgegenüber galt Rousseau bei anderen prominenten Repräsentanten der Aufklärung in Russland als hochgeschätzte Berufungsinstanz im Kampf gegen Agnostizismus und Atheismus.[56] Das im

---

54 Dazu speziell *Alexis Strycek*: Denis Fonvizine à Paris en 1778. In: Rousseau et Voltaire en 1978. Actes du Colloque international de Nice, Juin 1978. Serie D: Études Diverses. Genf 1981, S. 273–279.

55 Vgl. *Alexis Strycek*: La Russie des Lumières: Denis Fonvizine. Paris 1976.

56 Vgl. *Th. Barran*: Russia reads Rousseau (wie Anm. 36), S. 124 ff., 168 ff., 173 ff.

Vierten Buch des Zweiten Bandes des Erziehungsromans „Émile" enthaltene „Glaubensbekenntnis des savoyischen Vikars" diente hier als maßgebliche Referenzgröße.[57] Rousseau war darin der aufklärerischen Attacke gegen die etablierten christlichen Kirchen mit der Forderung nach einer „Gefühlsreligion" entgegengetreten, welche auf das unverdorbene Empfinden des Individuums setzte und Gott nicht in dogmatischen Prinzipien, sondern in den Tiefen der eigenen Seele und in der Vielfalt belebter Dinge aus der natürlichen Umgebung des Menschen zu suchen empfahl.[58] Gavriil Romanovič Derschavin (1743 – 1816), bedeutendster Odendichter des Klassizismus und kurzzeitig (1802 / 03) russischer Justizminister, berief sich in seiner Ablehnung materialistischer Gedanken und areligiöser Strömungen aus dem Umfeld der französischen Spätaufklärung ausdrücklich ebenso auf entsprechende Vorgaben des Genfers wie etwa der Verleger, Buchhändler und Zeitschriftenherausgeber Nikolaij Ivanovič Novikov (1744 – 1818), dem, als führendem Kopf der Moskauer Freimaurer, Rousseaus „Glaubensbekenntnis" zum Mustertext einer an den Tugenden der Wahrhaftigkeit, der Duldsamkeit und der Menschenliebe orientierten spirituellen Religiosität geriet – weit entfernt von jeder Fortschrittsfeindlichkeit, weit ent-

---

[57] Vgl. *Jean-Jacques Rousseau*: Emil oder über die Erziehung. In neuer deutscher Fassung besorgt von Ludwig Schmidts. 12. Aufl. Paderborn / München / Wien / Zürich 1995, S. 275 – 334.

[58] Zum spezifischen Charakter von Rousseaus Religiosität eingehend *Martin Rang*: Rousseaus Lehre vom Menschen. Göttingen 1959, S. 468 – 480.

fernt aber auch von allem wohlfeilen Verketzern frommer Bräuche und gläubiger Gesinnung.

3. Für Nikolaj Michajlovič Karamzin (1766–1826) wiederum, den Schöpfer der russischen künstlerischen Prosa und ersten Geschichtsschreiber des russischen Staates, wurde der „empfindsame" Rousseau zum wichtigsten Anreger des eigenen, sentimental-gefühlsbetonten Dichtungsstils, der zum Epochentrend avancierte.[59] Karamzin war 1789/90 mit Rousseaus Büchern im Gepäck durch Westeuropa gereist, dabei auch zum Grab des Philosophen nach Ermenonville gepilgert[60] und in Paris Augen- und Ohrenzeuge der beginnenden Vereinnahmung Rousseaus durch die dort immer vernehmlicher agierenden revolutionären Aktivisten gewesen.[61] In seine Heimat zurückgekehrt, bemühte sich Karamzin darum, seinen „Helden", den er zeitlebens bewunderte und verehrte, von allen ihm unterstellten postumen Verbindungen mit den Frevlern der Fran-

---

[59] Vgl. *Th. Barran*: Russia reads Rousseau (wie Anm. 36), S. 195 ff., 204 ff.

[60] Vgl. *Nikolaj Michailowitsch Karamsin*: Briefe eines reisenden Russen. Aus dem Russischen übertragen von Johann Richter. München 1966, S. 411–416; *Hans Rothe*: N. M. Karamsins europäische Reise. Der Beginn des russischen Romans. Philologische Untersuchungen. Bad Homburg/Berlin/Zürich 1968.

[61] Vgl. *N. M. Karamsin*: Briefe eines reisenden Russen (wie Anm. 60), S. 305 f., 308 ff., 417 f. Zu diesem Aspekt *Joan McDonald*: Rousseau and the French Revolution, 1762–1791. London 1965, *Jean Roussel*: Jean-Jacques Rousseau en France après la Révolution, 1795–1830. Paris 1972, sowie *Carol Blum*: Rousseau and the Republic of Virtue. The Language of Politics in the French Revolution. Ithaca, NY 1986.

zösischen Revolution zu lösen,[62] indem er – einer-
seits – dessen Zivilisationsskepsis im Allgemeinen
und seine Kritik an Peters des Großen Reformwerk
im Besonderen mit aller Entschiedenheit zurück-
wies, zugleich jedoch – andererseits – aus Rousseaus
Werk vorrangig die von starken *sentiments* getra-
gene Idee des Patriotismus und der Vaterlandsliebe
für das Russland des beginnenden 19. Jahrhunderts
fruchtbar zu machen versuchte.

VIII. Ein prägender Denker

Karamzins Bemühungen sind in beiden Fällen
erfolgreich gewesen – Rousseaus Ruhm und
Ansehen blieben in Russland über die ab 1789 ein-
setzenden Umbrüche und Systemwechsel hinweg
gewahrt. Zwar erließ der seit 1796 regierende Sohn
und Nachfolger Katharinas II., Zar Paul I. (1754 –
1801), in dem Bestreben, seinen Untertanen die
Kontaktnahme mit den Ideen der Französischen
Revolution zu erschweren, mehrfach verschärfte Im-
portverbote für ausländische Bücher, womit sich
eine seit den 1790er Jahren verstärkt einsetzende
Abkehr großer Teile der intellektuellen Elite des
Zarenreiches vom bis dahin weitgehend vorherr-
schenden französischen Kultureinfluss verband.[63]

---

[62] „Der bescheidene Rousseau wünschte sich gewiß nie der-
gleichen Schüler, und auch die feurigen Lobreden, die heutige
Redner in Frankreich auf ihn halten, würden ihm kaum gefallen haben"; *N. M. Karamsin*: Briefe eines reisenden Russen
(wie Anm. 60), S. 416. Dazu *Thomas Barran*: The French Revolution and Russian Reactions to Rousseau's „Premier Discours". In: Revue des études slaves 61 (1989), S. 81 – 85.

Rousseaus Werk war von dieser wachsenden Frank-reichskepsis indes kaum betroffen. In den 1790er Jahren erschienen weiterhin zahlreiche Übersetzun-gen einzelner Werke. Seine Theorien wurden unver-ändert lebhaft diskutiert, zumal der seit 1801 regie-rende jugendliche Zar Alexander I. durch seinen langjährigen Erzieher und väterlichen Freund César La Harpe (1754–1838), einen Landsmann und be-geisterten Anhänger Rousseaus,[64] mit den Anschau-ungen des Genfer Philosophen vertraut war, teil-weise gar mit ihnen sympathisierte.

Der im Zarenreich nach Jahrhundertbeginn ver-stärkt einsetzende Patriotismus-Diskurs, maßgeblich beflügelt durch den triumphalen Sieg russischer Truppen über Napoleon I. (1769–1821), speiste sich zu nicht geringen Teilen aus der Neulektüre von Rousseaus bereits erwähnter Denkschrift über die Regierung Polens und aus der Rezeption seines 1755 im Fünften Band von Denis Diderots Enzyklo-pädie erschienenen Artikels „Économie morale et politique".[65] Darin hatte Rousseau erstmals einige

---

[63] Dazu neuerdings *Martin Lubenow*: Französische Kultur in Russland. Entwicklungslinien in Geschichte und Literatur. Köln / Weimar / Wien 2002, bes. S. 132 ff., 137 ff., 148 ff.; wei-terhin unentbehrlich *Émile Haumant*: La culture française en Russie (1700–1900). 2. Aufl. Paris 1913.

[64] Vgl. eingehend *Arthur Boehtlingk*: Der Waadtländer Friedrich Caesar Laharpe, der Erzieher und Berater Alexan-ders I. von Rußland, des Siegers über Napoleon I. und Anbah-ner der modernen Schweiz. 2 Bde. Bern / Leipzig 1925.

[65] Der Artikel wurde bereits 1767 von Aleksej Vasilevič Naryškin (1742–1800) ins Russische übersetzt; vgl. *Th. Bar-ran*: Russia reads Rousseau (wie Anm. 36), S. 253 ff.

seiner wesentlichen, später im „Contrat social" prä-
zisierten Gedanken formuliert – Vaterlandsliebe,
staatsbürgerliches Engagement und zivilgesellschaft-
liche Gesinnung galten ihm schon hier als die un-
entbehrlichen Fundamente jeder gerechten und er-
strebenswerten politischen Ordnung.[66] Darauf be-
zugnehmende geistesgeschichtliche Verbindungsli-
nien reichten bei seinen russischen Rezipienten bis
ins unmittelbare Umfeld jener patriotisch bewegten,
konstitutionellen Idealen verpflichteten jungen aristokratischen Offiziere, die sich im Dezember 1825
zu einer planlosen und rasch gescheiterten Revolte
gegen die Thronbesteigung Zar Nikolajs I. (1796 –
1855) zusammenfanden. Die Leseliste der meisten
damals verhafteten „dekabristischen" Verschwörer
enthielt Rousseaus „Contrat social" als verbindungs-
stiftende Referenz.[67]

Auch im Russland des fortgeschritteneren 19. Jahrhunderts blieb Rousseau eine feste literarische Größe.
Erst die Bolschewiki zogen seine Schriften aus dem
Verkehr und unterbanden jede weitere öffentliche
Diskussion. Dabei entsprach es der Uneinheitlichkeit des dortigen Rezeptionsgeschehens, dass die
beiden wohl gewichtigsten Autoren der vorrevolu-
tionären Zeit, Fjodor Michailovič Dostojevskij

---

[66] Vgl. *Jean-Jacques Rousseau*: Abhandlung über die Politische Ökonomie. In: Ders.: Kulturkritische und politische
Schriften (wie Anm. 17), Bd. 1, S. 335 – 377.

[67] Nachweise bei *Th. Barran*: Russia reads Rousseau (wie
Anm. 36), S. 262, 269 f.; für den Zusammenhang instruktiv
Hans Lemberg: Die nationale Gedankenwelt der Dekabristen.
Köln / Graz 1963, bes. S. 62 ff., 123 ff.

(1821–1881) und Lev Nikolaevič Tolstoj (1828–1910), in ihrer Haltung zu Rousseau – und damit zugleich im Blick auf die Frage einer möglichen „Vorbildhaftigkeit" des Westens für Russland – Positionen vertraten, wie sie gegensätzlicher kaum gedacht werden konnten. Für beide Autoren besaß das Werk des Genfers einen unbezweifelbar hohen Stellenwert. Während nun aber Tolstoj in Rousseau zeitlebens den Leitstern seiner philosophischen und philanthropischen Bemühungen erblickte – die „Confessions" und die Evangelien seien die entscheidenden Leseerfahrungen seines Lebens, bekannte er noch 1905, und in jungen Jahren diente ihm anstelle des Kreuzes eine Medaille mit dem Bildnis seines „Helden" als Talisman[68] –, empfand Dostojevskij gegenüber Rousseau in erster Linie Abneigung und Verdruss. Ihm galt er als der große Inspirator und Hauptverantwortliche aller seit 1789 von den Kräften der Zerstörung und des Verfalls angezettelten Revolutionen, das „Gift" der westlichen Zivilisation sowohl anprangernd wie selbst von diesem „Gift" infiziert und keinesfalls etwa dazu berufen, Führer und Vorkämpfer der Menschheit auf ihrem Weg zur dringend gebotenen moralischen Gesundung zu sein.[69]

---

[68] Dazu *Margaret M. Bullitt*: Rousseau and Tolstoy: Childhood and Confession. In: Comparative Literature Studies 16 (1979), S. 12–20.

[69] Die zahlreichen Rousseau-Reminiszenzen in Dostojevskijs Werken sind detailliert nachgewiesen bei *Alfred Rammelmeyer*: Fedor Michailovič Dostojewskij und Jean-Jacques Rousseau. In: Ders.: Aufsätze zur russischen Literatur. Hrsg. von Reinhard Lauer in Zusammenarbeit mit Alexander Graf und Matthias Rammelmeyer. Wiesbaden 2000, S. 207–227.

So mag es scheinen, als korrespondierten die Viel-schichtigkeit und Widersprüchlichkeit der Rous-seau-Rezeption im Zarenreich mit der im Leben und Werk des Philosophen selbst angelegten Kom-plexität auf eine eigentümlich kongeniale Weise.[70] Und vielleicht ist ihm, rückblickend betrachtet, ja niemand besser gerecht geworden als der polyphone Chor seiner russischen Leserschaft – in der Bewun-derung und Verehrung ebenso wie in der Gegner-schaft und Kritik.

---

[70] Demgegenüber betont ein „Klassiker" wie *Ernst Cassirer*: Das Problem Jean-Jacques Rousseau. Darmstadt 1970, z. B. S. 5, das hohe Maß an Einheitlichkeit und Geschlossenheit in Rousseaus Œuvre; vgl. ähnlich auch *ders.*: Die Philosophie der Aufklärung. Tübingen 1932, S. 346 ff.

Literaturverzeichnis

1. Quellen

Briefe *Friedrichs des Großen* in deutscher Übersetzung. 2 Bde. Hrsg. von Max Hein. Deutsch von Friedrich von Oppeln-Bronikowski und Eberhard König. Berlin 1914.

Friedrich der Große: Über den Nutzen der Künste und Wissenschaften im Staate (1772). Wiederabgedruckt in: Die Werke Friedrichs des Großen in deutscher Übersetzung. Bd. 8: Philosophische Schriften. Hrsg. von Gustav Berthold Volz. Deutsch von Friedrich von Oppeln-Bronikowski. Berlin 1913, S. 54–61.

– Regierungsformen und Herrscherpflichten (1777). Wiederabgedruckt in: Die Werke Friedrichs des Großen in deutscher Übersetzung. Bd. 7: Antimachiavell und Testamente. Hrsg. von Gustav Berthold Volz. Deutsch von Eberhard König, Friedrich von Oppeln-Bronikowski und Willy Rath. Berlin 1913, S. 225–237.

Karamsin, Nikolaj Michailowitsch: Briefe eines reisenden Russen. Aus dem Russischen übertragen von Johann Richter. München 1966.

Rousseau's Bekenntnisse. Aus dem Französischen von Levin Schücking. 2 Bde. Leipzig o. J.

Rousseau, Jean-Jacques: Schriften zur Kulturkritik. Über Kunst und Wissenschaft (1750). Über den Ursprung der Ungleichheit unter den Menschen (1755). Eingeleitet, übersetzt und hrsg. von Kurt Weigand. 2., durchgesehene Aufl. Hamburg 1971.

- Abhandlung über die Politische Ökonomie. In: Ders.: Kultur-kritische und politische Schriften. Hrsg. von Martin Fontius. Berlin 1989, Bd. 1, S. 335 – 377.

- Betrachtungen über die Regierung von Polen und ihre beab-sichtigte Reformierung. In: Ders.: Kulturkritische und politi-sche Schriften. Hrsg. von Martin Fontius. Berlin 1989, Bd. 2, S. 433 – 530.

- Emil oder über die Erziehung. In neuer deutscher Fassung be-sorgt von Ludwig Schmidts. 12. Aufl. Paderborn / München / Wien / Zürich 1995.

- Vom Gesellschaftsvertrag oder Prinzipien des Staatsrechts. In: Ders.: Kulturkritische und politische Schriften. Hrsg. von Martin Fontius. Berlin 1989, Bd. 1, S. 381 – 505.

2. Literatur

Barran, Thomas: Russia reads Rousseau, 1762 – 1825. Evans-ton, IL 2002.

- The French Revolution and Russian Reactions to Rousseau's „Premier Discours". In: Revue des études slaves 61 (1989), S. 81 – 85.

Bastid, Paul: Die Theorie der Regierungsformen. In: Reinhard Brandt und Karlfriedrich Herb (Hrsg.): Jean-Jacques Rous-seau. Vom Gesellschaftsvertrag oder Prinzipien des Staats-rechts. 2., bearb. Aufl. Berlin 2012, S. 153 – 168.

Baumgart, Peter: Herrschaftsauffassung und Regierungsstil der drei ersten Hohenzollernkönige (1988). Wiederabge-druckt in: Ders.: Brandenburg-Preußen unter dem Ancien régime. Ausgewählte Abhandlungen. Hrsg. von Frank-Lo-thar Kroll. Berlin 2009, S. 69 – 83.

- Friedrich Wilhelm I. In: Frank-Lothar Kroll (Hrsg.): Preu-ßens Herrscher. Von den ersten Hohenzollern bis Wil-helm II. 4. Aufl. München 2009, S. 134 – 159, 328 – 330.

Behrens, Catherine Betty Abigail: Society, Government, and the Enlightenment. The Experience of Eighteenth-Century France and Prussia. London 1985.

Black, Joseph Laurence (Hrsg.): Citizens for the Fatherland. Education, Educators, and Pedagogical Ideals in Eighteenth Century Russia. New York 1979.

Blum, Carol: Rousseau and the Republic of Virtue. The Language of Politics in the French Revolution. Ithaca, NY 1986.

Boehtlingk, Arthur: Der Waadtländer Friedrich Caesar Laharpe, der Erzieher und Berater Alexanders I. von Rußland, des Siegers über Napoleon I. und Anbahner der modernen Schweiz. 2 Bde. Bern / Leipzig 1925.

Böschenstein, Bernhard: Rousseau und die deutschen Dichter um 1800. In: Peter Gasser und Jürgen Söring (Hrsg.): Rousseauismus. Naturevangelium und Literatur. Frankfurt am Main / Berlin / Bern / Brüssel / New York / Wien 1999, S. 199 – 220.

Breuer, Stefan: Rousseau und die Folgen. In: Ders.: Moderner Fundamentalismus. Berlin / Wien 2002, S. 29 – 51.

Bubner, Rüdiger / *Fetscher*, Iring (Hrsg.): Rousseau und die Folgen. Göttingen 1989.

Bullitt, Margaret M.: Rousseau and Tolstoy: Childhood and Confession. In: Comparative Literature Studies 16 (1979), S. 12 – 20.

Butterwick, Richard: Political Discourses of the Polish Revolution, 1788 – 92. In: The English Historical Review 120 (2005), S. 695 – 731.

Cassirer, Ernst: Das Problem Jean-Jacques Rousseau. Darmstadt 1970.

– Die Philosophie der Aufklärung. Tübingen 1932.

Du Bois-Reymond, Emil: Friedrich II. und Jean-Jacques Rousseau. In: Sitzungsberichte der Akademie der Wissenschaften zu Berlin 1879, S. 33 – 86.

Elias, Norbert: Die höfische Gesellschaft. Untersuchungen zur Soziologie des Königtums und der höfischen Aristokratie mit einer Einleitung: Soziologie und Geschichtswissenschaft. Neuwied / Berlin 1969.

Fetscher, Iring: Rousseaus politische Philosophie. Zur Geschichte des demokratischen Freiheitsbegriffs. Neuwied 1960.

Fontius, Martin: Der Ort des „Roi philosophe" in der Aufklärung. In: Ders. (Hrsg.): Friedrich II. und die europäische Aufklärung. Berlin 1999, S. 9 – 27.

– Rousseau in Deutschland im 18. Jahrhundert. In: Heinz Duchhardt und Claus Scharf (Hrsg.): Interdisziplinarität und Internationalität. Wege und Formen der Rezeption der französischen und der britischen Aufklärung in Deutschland und Rußland im 18. Jahrhundert. Mainz 2004, S. 153 – 164.

Göhring, Martin: Weg und Sieg der modernen Staatsidee in Frankreich. Vom Mittelalter zu 1789. Tübingen 1946.

Gollwitzer, Heinz: Europabild und Europagedanke. Beiträge zur deutschen Geistesgeschichte des 18. und 19. Jahrhunderts. München 1951.

Gorbatov, Inna: Catherine the Great and the French Philosophers of the Enlightenment: Montesquieu, Voltaire, Rousseau, Diderot and Grimm. Bethesda, MD 2006.

Groethuysen, Bernhard: Die Entstehung der bürgerlichen Welt- und Lebensanschauung in Frankreich. 2 Bde. Halle / Saale 1927.

– Philosophie der Französischen Revolution. Mit einem Nachwort von Eberhard Schmitt. Neuwied / Berlin 1971.

Groh, Dieter: Rußland und das Selbstverständnis Europas. Ein Beitrag zur europäischen Geistesgeschichte. Neuwied 1961.

Guthke, Karl S.: Zur Frühgeschichte des Rousseauismus in Deutschland. In: Zeitschrift für deutsche Philologie 77 (1958), S. 384 – 396.

Haumant, Émile: La culture française en Russie (1700–1900). 2. Aufl. Paris 1913.

Havens, George R.: Eighteenth-Century Critics of Rousseau's „Second Discourse". In: Jean Macary (Hrsg.): Essays on the Age of Enlightenment in Honor of Ira O. Wade. Genf 1977, S. 143–154.

Hentschel, Uwe: „… da wallfahrte ich hin, oft mit der neuen Heloise in der Tasche …". Zur deutschen Rousseau-Rezeption im 18. und beginnenden 19. Jahrhundert. In: Euphorion 96 (2002), S. 47–74.

Herb, Karlfriedrich: Rousseaus Theorie legitimer Herrschaft. Voraussetzungen und Begründungen. Würzburg 1998.

Herz, Dietmar: Rousseau als Gesetzgeber. Über die Verfassungsentwürfe im „Projet de Constitution pour la Corse" und den „Considérations sur le gouvernement de Pologne". In: Wolfgang Kersting (Hrsg.): Die Republik der Tugend. Jean-Jacques Rousseaus Staatsverständnis. Baden-Baden 2003, S. 147–174.

Hinrichs, Ernst: Die „administrative" Monarchie und der Mächteneuling im Vergleich: Frankreich und Preußen in friderizianischer Zeit. In: Martin Fontius und Jean Mondot (Hrsg.): Französische Kultur – Aufklärung in Preußen. Berlin 2001, S. 69–87.

Hubatsch, Walther: Friedrich der Große und die preußische Verwaltung. Berlin / Köln 1973.

Hulliung, Mark: The Autocritique of Enlightenment. Rousseau and the Philosophes. Cambridge, Mass. 1994.

Jaumann, Herbert (Hrsg.): Rousseau in Deutschland. Neue Beiträge zur Erforschung seiner Rezeption. Berlin 1995.

Kaltenbrunner, Gerd-Klaus: Rousseau und die Deutschen. Von Lessing bis Nietzsche. In: Deutsche Studien 16 (1978), S. 215–226.

Keeley, Lawrence H.: War Before Civilization. The Myth of the Peaceful Savage. New York 1996.

Kluxen, Kurt: Zur politischen Philosophie Rousseaus. In: Historische Zeitschrift 209 (1969), S. 95 – 100.

Kopelew, Lew: Neues Verständnis und neue Mißverständnisse, neue Verbindungen und neue Widersprüche. Zum Rußlandbild der deutschen Aufklärung. In: Mechthild Keller (Hrsg.): Russen und Rußland aus deutscher Sicht. 18. Jahrhundert: Aufklärung. München 1987, S. 11 – 34.

Kraus, Hans-Christof: Friedrich der Große als Philosoph von Sanssouci. In: Bernd Heidenreich und Frank-Lothar Kroll (Hrsg.): Macht- oder Kulturstaat? Preußen ohne Legende. Berlin 2002, S. 111 – 124.

Kreuzer, Helmut / *Link-Heer*, Ursula (Hrsg.): Rousseau und Rousseauismus. Göttingen 1986.

Kroll, Frank-Lothar: Das Problem der Toleranz bei Friedrich dem Großen (2001). Wiederabgedruckt in: Ders.: Das geistige Preußen. Zur Ideengeschichte eines Staates. Paderborn / München / Wien / Zürich 2001, S. 11 – 30.

– Friedrich der Große. In: Étienne François und Hagen Schulze (Hrsg.): Deutsche Erinnerungsorte. Bd. III. München 2001, S. 620 – 635.

– Friedrich der Große als Gestalt der europäischen Geschichtskultur. In: Brunhilde Wehinger (Hrsg.): Geist und Macht. Friedrich der Große im Kontext der europäischen Kulturgeschichte. Berlin 2005, S. 185 – 198.

– Die Hohenzollern. München 2008.

– Rußland und Europa. Historisch-politische Probleme und kulturelle Perspektiven. In: Peter Jurczek / Matthias Niedobitek (Hrsg.): Europäische Forschungsperspektiven. Elemente einer Europawissenschaft. Berlin 2008, S. 13 – 58.

– Staatsräson oder Familieninteresse? Möglichkeiten und Grenzen dynastischer Netzwerkbildung zwischen Preußen und Rußland im 19. Jahrhundert. In: Forschungen zur Brandenburgischen und Preußischen Geschichte, N.F. 20 (2010), S. 1 – 41.

– Die Reise nach Russland. In: Frank-Lothar Kroll und Martin Munke (Hrsg.): Die Reise nach Russland. Wahrnehmungen und Erfahrungsberichte aus fünf Jahrhunderten. Berlin 2013, S. 13–26.

Larivière, Charles de: Jean-Jacques Rousseau et la Russie. In: Annales de la Société Jean-Jacques Rousseau 20 (1931), S. 193–212.

Leisching, Peter / *Reinalter*, Helmut (Hrsg.): Die polnische Verfassung vom 3. Mai 1791 vor dem Hintergrund der europäischen Aufklärung. Frankfurt am Main / Berlin / Bern / New York / Paris / Wien 1997.

Lemberg, Hans: Die nationale Gedankenwelt der Dekabristen. Köln / Graz 1963.

Link-Heer, Ursula: Facetten des Rousseauismus. Mit einer Auswahlbibliographie zu seiner Geschichte. In: Zeitschrift für Literaturwissenschaft und Linguistik 63 (1986), S. 127–163.

Lortholary, Albert: Les „philosophes" du XVIIIe siècle et la Russie. Le mirage russe en France au XVIIIe siècle. Paris 1951.

Lovejoy, Arthur O.: The Supposed Primitivism of Rousseau's „Discourse on Inequality" (1923). Wiederabgedruckt in: Ders.: Essays in the History of Ideas. New York 1960, S. 14–37.

Lubenow, Martin: Französische Kultur in Russland. Entwicklungslinien in Geschichte und Literatur. Köln / Weimar / Wien 2002.

Lukowski, Jerzy: Recasting Utopia. Montesquieu, Rousseau and the Polish Constitution of 3 May 1791. In: The Historical Journal 37 (1994), S. 65–87.

Mähl, Hans-Joachim: Die Idee des goldenen Zeitalters im Werk des Novalis. Studien zur Wesensbestimmung der frühromantischen Utopie und zu ihren ideengeschichtlichen Voraussetzungen. Heidelberg 1965.

Marker, Gary: Publishing, Printing, and the Origins of Intellectual Life in Russia, 1700–1800. Princeton, NJ 1985.

– Merchandising Culture. The Market for Books in Late Eighteenth-Century Russia. In: Eighteenth-Century Life 8 (1982), S. 46–71.

Masters, Roger D.: The political Philosophy of Rousseau. Princeton, NJ 1968.

McDonald, Joan: Rousseau and the French Revolution, 1762–1791. London 1965.

Misch, Georg: Geschichte der Autobiographie. Bd. 4/2: Von der Renaissance bis zu den autobiographischen Hauptwerken des 18. und 19. Jahrhunderts. Frankfurt am Main 1969.

Mornet, Daniel: Les origines intellectuelles de la Révolution française 1715–1787. 3. Aufl. Paris 2009.

Mounier, Jacques: La fortune des écrits de Jean-Jacques Rousseau dans les pays de langue allemande de 1782 à 1813. Paris 1980.

Munke, Martin: Musterbeispiel oder Irrweg? Französische Russlandbilder im Zeitalter der Aufklärung unter besonderer Berücksichtigung der Aufzeichnungen des François Auguste Thesby de Belcour. In: Frank-Lothar Kroll und Martin Munke (Hrsg.): Die Reise nach Russland. Wahrnehmungen und Erfahrungsberichte aus fünf Jahrhunderten. Berlin 2013, S. 47–78.

Neugebauer, Wolfgang: Die Hohenzollern. Bd. 1: Anfänge, Landesstaat und monarchische Autokratie bis 1740. Stuttgart/Berlin/Köln 1996.

– Die Hohenzollern. Bd. 2: Dynastie im säkularen Wandel. Von 1740 bis in das 20. Jahrhundert. Stuttgart 2003.

Papmehl, Kasimir Adam: Freedom of Expression in Eighteenth-Century Russia. Den Haag 1971.

Putterman, Ethan: Realism and Reform in Rousseau's Constitutional Projects for Poland and Corsica. In: Political Studies 49 (2001), S. 481–494.

Rammelmeyer, Alfred: Fedor Michailovič Dostojewskij und Jean-Jacques Rousseau. In: Ders.: Aufsätze zur russischen Literatur. Hrsg. von Reinhard Lauer in Zusammenarbeit mit Alexander Graf und Matthias Rammelmeyer. Wiesbaden 2000, S. 207–227.

Rang, Martin: Rousseaus Lehre vom Menschen. Göttingen 1959.

Ransel, David L.: Ivan Betskoi and the Institutionalization of the Enlightenment in Russia. In: Canadian-American Slavic Studies 14 (1980), S. 327–338.

Riesenberg, Peter: Citizenship in the Western Tradition. Plato to Rousseau. Chapel Hill, NC 1992.

Rothe, Hans: N. M. Karamzins europäische Reise. Der Beginn des russischen Romans. Philologische Untersuchungen. Bad Homburg / Berlin / Zürich 1968.

Roussel, Jean: Jean-Jacques Rousseau en France après la Révolution, 1795–1830. Paris 1972.

Sack, Jörn: Friedrich der Große und Jean-Jacques Rousseau – Eine verfehlte Beziehung und die Folgen. Zugleich ein Essay über den vernünftigen und den künftigen Staat. Berlin 2011.

Schelting, Alexander von: Rußland und Europa im russischen Geschichtsdenken. Bern 1948.

– Rußland und der Westen im russischen Geschichtsdenken der zweiten Hälfte des 19. Jahrhunderts. Aus dem Nachlaß hrsg. und bearb. von Hans-Joachim Torke. Berlin 1989.

Schieder, Theodor: Friedrich der Große. Ein Königtum der Widersprüche. Berlin 1983.

Schindele, Stephan: Friedrich der Große über Rousseau. Zum 200. Geburtsjahre beider. In: Philosophisches Jahrbuch 25 (1912), S. 477–486.

Schlobach, Jochen: Französische Aufklärung und deutsche Fürsten. In: Zeitschrift für Historische Forschung 17 (1990), S. 327–349.

Schlosser, Brigitte: Rousseaus „Émile ou de l'Éducation". Ein Erziehungsentwurf aus produktiver Einbildungskraft. Marburg 2008.

Schulz, Sabine (Hrsg.): „Leben Sie wohl für immer". Die Affäre Hume – Rousseau in Briefen und Zeitdokumenten. Zürich 2012.

Sellin, Volker: Friedrich der Große und der aufgeklärte Absolutismus. Ein Beitrag zur Klärung eines umstrittenen Begriffs. In: Ulrich Engelhardt, Volker Sellin und Horst Stuke (Hrsg.): Soziale Bewegung und politische Verfassung, Beiträge zur Geschichte der modernen Welt. Stuttgart 1976, S. 83–112.

Shtrange, Mikhail Mikhailovič: Jean-Jacques Rousseau et ses contemporains russes. In: Annales historiques de la Révolution française 34 (1962), S. 515–528.

Skalweit, Stephan: Frankreich und Friedrich der Große. Der Aufstieg Preußens in der öffentlichen Meinung des „ancien régime". Bonn 1952.

Spaemann, Robert: Rousseau – Bürger ohne Vaterland. Von der Polis zur Natur. München 1980.

Stribrny, Wolfgang: Die Könige von Preußen als Fürsten von Neuenburg-Neuchâtel (1707–1848). Geschichte einer Personalunion. Berlin 1998.

Strycek, Alexis: Denis Fonvizine à Paris en 1778. In: Rousseau et Voltaire en 1978. Actes du Colloque international de Nice, Juin 1978. Serie D: Études Diverses. Genf 1981, S. 273–279.

– La Russie des Lumières: Denis Fonvizine. Paris 1976.

Talmon, Jakov Leib: Die Ursprünge der totalitären Demokratie. Köln / Opladen 1961.

Vossler, Otto: Burke und Rousseau. In: Ders.: Geist und Geschichte. Von der Reformation bis zur Gegenwart. Gesammelte Aufsätze. München 1964.

– Der Nationalgedanke von Rousseau bis Ranke. München / Berlin 1937.

– Rousseaus Freiheitslehre. Göttingen 1963.

Weigand, Kurt: Rousseaus negative Historik. In: Jean-Jacques Rousseau: Schriften zur Kulturkritik. Über Kunst und Wissenschaft (1750). Über den Ursprung der Ungleichheit unter den Menschen (1755). Eingeleitet, übersetzt und hrsg. von Kurt Weigand. 2., durchgesehene Aufl. Hamburg 1971, S. VII – LXXIX.

Zeller, Eduard: Friedrich der Große als Philosoph. Berlin 1886.

Zlatopolskaja, Alla: Die religiös-moralischen und sozialphilosophischen Ideen Rousseaus im Kontext des russischen Denkens in der zweiten Hälfte des 18. und im ersten Viertel des 19. Jahrhunderts. In: Heinz Duchhardt und Claus Scharf (Hrsg.): Interdisziplinarität und Internationalität. Wege und Formen der Rezeption der französischen und der britischen Aufklärung in Deutschland und Rußland im 18. Jahrhundert. Mainz 2004, S. 165 – 185.

Der Autor

Frank-Lothar Kroll, geboren 1959 in Aachen, lehrt seit 2004 als Inhaber der Professur für Europäische Geschichte des 19. und 20. Jahrhunderts an der Technischen Universität Chemnitz. Promotion 1987 in Köln, Habilitation 1995 in Erlangen; seit 2006 Vorsitzender der Preußischen Historischen Kommission, seit 2011 Vorsitzender der Prinz-Albert-Gesellschaft; Mitglied der Wissenschaftlichen Beiräte des Instituts für Zeitgeschichte München, des Deutschen Historischen Instituts Warschau, der Forschungsgemeinschaft 20. Juli 1944 und der Stiftung Flucht, Vertreibung, Versöhnung; seit 2006 (mit Wolfgang Neugebauer) Herausgeber der „Forschungen zur Brandenburgischen und Preußischen Geschichte". Wichtigste Monographien: Das Ornament in der Kunsttheorie des 19. Jahrhunderts (1987), Friedrich Wilhelm IV. und das Staatsdenken der deutschen Romantik (1990), Utopie als Ideologie. Geschichtsdenken und politisches Handeln im Dritten Reich (1998, 2. Aufl. 1999, japan. Übers. 2006), Das geistige Preußen. Zur Ideengeschichte eines Staates (2001), Kultur, Bildung und Wissenschaft im 20. Jahrhundert (2003), Geschichte Hessens (2006, 2. Aufl. 2010), Die Hohenzollern (2008), Intellektueller Widerstand im Dritten Reich. Heinrich Lützeler und der Nationalsozialismus (2008),

Geschichtswissenschaft in politischer Absicht. Hans-Joachim Schoeps und Preußen (2010), Geburt der Moderne. Politik, Gesellschaft und Kultur vor dem Ersten Weltkrieg (2013).